企业会计监管与
财务管理

尹燕婷　范　玲◎主编

延边大学出版社

图书在版编目（CIP）数据

企业会计监管与财务管理 / 尹燕婷，范玲主编 .--
延吉 : 延边大学出版社，2022.9
ISBN 978-7-230-03961-1

Ⅰ . ①企… Ⅱ . ①尹… ②范… Ⅲ . ①企业会计 – 会
计检查 ②企业管理 – 财务管理 Ⅳ . ① F275

中国版本图书馆 CIP 数据核字（2022）第 183647 号

企业会计监管与财务管理

主　　编：尹燕婷　范　玲
责任编辑：徐晓霞
封面设计：星辰创意
出版发行：延边大学出版社
社　　址：吉林省延吉市公园路 977 号　　邮　编：133002
网　　址：http : //www.ydcbs.com　　E-mail：ydcbs@ydcbs.com
电　　话：0433-2732435　　传　真：0433-2732434
印　　刷：英格拉姆印刷(固安)有限公司
开　　本：787 毫米 × 1092 毫米　　1/16
印　　张：9
字　　数：200 千字
版　　次：2022 年 9 月第 1 版
印　　次：2023 年 1 月第 1 次印刷
书　　号：978-7-230-03961-1

定　　价：50.00 元

前　　言

　　会计监管是指会计机构和会计人员依照法律的规定，通过会计手段对经济活动的合法性、合理性和有效性进行监管。会计监管，可以为会计信息的相关性、可比性与可靠性提供一定的保障，并提高特定主体的各类效益。企业会计监管的目的是对企业的经济活动过程，以及资金的流动情况进行监督，从而保证企业各类经济活动合乎法规的要求。它是维护企业权益的需要，也是构建现代企业会计制度的基本要求，还可以对企业的经济活动及会计行为进行规范，使企业能够健康、持续发展。在新的竞争压力下，我国企业会计应该更新观念，改革管理模式，充分发挥其在企业中的监管作用，加强企业财务管理。

　　随着我国市场经济的不断发展，市场环境也发生了较大的变化，我国企业会计监管出现的问题也越来越多，在一定程度上影响了我国会计行业的规范发展。为确保企业会计监管与财务管理工作的顺利实施，需要积极完善相关法律法规，完善单位内部会计的监管机制。

　　本书首先概述了会计监管的基本概念、基础理论，然后分析了会计监管的体系，从外部环境的角度探讨了企业会计监管制度的构建，并从企业财务管理中的财务预算环节和营运资金管理的角度探究了企业财务管理的方法。

　　会计监管与财务管理能够有效规范与引导企业的会计行为，对企业实施会计监管能够使有关的会计主体获得高质量的会计信息。因此，监管机构要制定科学合理的会计监管体系。现在的财务操作基本都是在互联网环境下进行的，所以企业必须积极培养、引进高素质、具备信息化处理技术的会计从业人员。高素质的财会人员，能在工作效率、财务运算上更加专业地服务企业，有效地促进我国市场经济的可持续发展。

CONTENTS 目录

第一章　会计监管概述

第一节　会计监管的基本概念

研究会计监管问题，首先要明确会计及会计监管的相关概念，在此基础上进行理论的分析和探讨，并界定会计监管的主体、客体（对象）、内容和手段（方式）等。

一、会计

从词源学来看，会计监管是由"会计"和"监管"两个词复合而成的。仅"会计"一词，就存在多种不同定义和概念。会计环境会影响会计的职能，即会计环境的变化会引起会计职能的变化，同时也会使会计的内涵、外延及本质发生变化，而这种变化最终会影响会计学者的思想，使他们在新思想的支配下对会计下新的定义。在会计发展史上，会计学家对会计的认识大体经历了核算工具论、管理工具论、信息系统论、控制系统论等阶段。

（一）核算工具论

在会计发展的早期阶段，经济发展是人们认识簿记的职能的主要依据。尤其是在自然经济发展阶段，经济关系与经济现象较为简单，会计还处于单式簿记核算阶段。古代数学家从记账、算账、报账、用账与查账相结合的角度，得出了"零星算之为计，总和算之为会"的结论。这种定义集中体现了簿记的核算职能，未涉及会计的监督职能，是具有代表性的会计"核算工具论"的思想。

（二）管理工具论

14 ~ 15 世纪在地中海沿岸，复式簿记逐渐取代了单式簿记。后来，工业革命使人类社会进入机器大工业时代。随着股份制公司的出现，企业的经营权与所有权分离，人们认识到了簿记对企业管理的作用。在单位内部管理中，成本核算问题作为需要加强管理的内容，促使"簿记"思想在 19 世纪末 20 世纪初转变为"会计"思想，也使会计学家对会计的认识由"核算工具论"转向"管理工具论"。

在管理经济学理论的影响下，20 世纪 50 年代，美国出现了管理经济会计学派，该学派提出的基本理论旨在揭示会计与管理之间存在的必然联系。这一理论在当时的计划经济国家产生了深刻的影响，原因在于在计划经济体制下，会计实体是国家而不是独立核算的企业，无论是政府会计还是企业会计都是计划管理的工具。我国部分会计学者将会计与管理相结合，认为会计这一社会现象属于管理范畴，是人的一种管理活动。这种思想明确了会计在管理中的作用，从根本上区别于"工具论"，会计的核算（反映）、监督两大基本职能已逐步为会计学者认识。

（三）信息系统论

20 世纪五六十年代，计算机的应用、管理会计的发展对会计信息系统论产生了重要影响，会计学者开始将会计与信息联系在一起。美国会计学会于1966 年发表的《会计基本理论说明书》中指出，"实质地说，会计是一个信息系统。更精确点儿说，会计是一个一般信息理论在如何有效地进行经济业务问题上的应用，也是为决策而提供的、按计量用语来反映的一般信息系统的一部分。"美国注册公共会计师协会所属的会计原则委员会在 1970 年发布的第四号报告中认为，会计是一项服务活动，它的职能在于提供有关经济主体的数量信息（主要是财务性质的信息），以便用于经济决策。这份报告在信息服务与经济决策之间建立了必然联系。会计信息系统论在 20 世纪八九十年代成为在世界会计界占主要地位的一种理论，并从西方进入我国，对我国的会计学产生了很大的影响。许多会计学者认为会计是一个为提高企业和各单位活动的经济效益，加强经济管理而建立的以提供财务信息为主的经济信息系统，同时又能起到监督、预测、规划和分析评价等控制作用。这说明，信息系统论在揭示会计本质的同时，强调会计的两大基本职能。

（四）控制系统论

我国著名会计学家杨时展在深入分析会计原本的目的的基础上提出，会计在今天，尽管离不开经济事项的计量，却也因人类文化的进步和对它的客观要求的变化，从一个简单的计量系统，转变成为一个对计量的结果有控制作用的控制系统。他在认定会计的目的在于完成受托责任，会计的本质是个控制系统以及会计的货币计量属性的基础上，认为现代会计是一个以认定受托责任为目的，以决策为手段，对一个实体的经济事项按货币计量及公认原则与标准，进行分类、记录、汇总、传达的控制系统。这一观点体现出了会计的本质，揭示了现代会计的发展方向。我国著名会计史学家郭道扬教授对会计信息系统、管理活动以及控制系统等三种观点进行了比较分析，在认为市场经济是一种产权经济的基础上提出，现代会计是会计管理者通过会计信息系统与会计控制系统的协同运作，实现对市场运行中的产权关系与产权价值的变化过程及其结果的系统控制的一种具有社会性意义的活动。这一定义集中体现了会计是什么、做什么以及怎么做。会计的目的和本质是会计理论中最基础、最核心的问题，对会计理论研究和会计实践都具有重要的意义。

二、监管

《词源》《辞海》未收录"监管"一词。《现代汉语词典》对"监管"一词的解释为：监视管理、监督管理。"监管"一词最初应用于产业经济学，目前在经济实践和理论研究中被广泛使用，但管理学界和经济学界对"监管"的诠释还不完全一致。比较有代表性的中国学者的观点主要有以下几种：李扬、王国刚认为，监管是政府及其授权机构或依法设立的其他组织，从降低资本市场风险、保护社会公众利益、维护社会安定的目的出发，根据国家的宪法和相关法律，制定相应的法律、法规、条例和政策，并根据它们对资本市场体系和各种经济活动进行的监督、管理、控制和指导。李兆熙则认为，监管是通过行政机构和行政法规对市场中企业和私人的微观行为进行的干预。卢现祥认为，监管是指政府利用法规对市场进行制约，它一般分为间接管制和直接管制。前者通过司法程序实施，后者通过行政部门实施。学者们的观点虽然各不相同，但都围绕着四个方面对监管进行了定义，即主体、客体、基础和目的，并将监管的主体限定为政府或政府授权的机构和组织，相应的客体就是企业和私人的微观行为，基础是以行政法规、制度为依据，目的是获得更好的经济结果。

从单位外部的角度来看，监管主体可以是政府或其授权的机构和组织，各主体间存在上下级关系；从单位内部的角度来看，同样存在上级对下级的监管。因此，监管主体可以分为单位外部和单位内部两个层次：外部监管是政府或政府授权的机构或组织，以行政法规、制度为基础和依据，监督和干预企业、私人的微观行为，以期获得更好的经济结果，它是制度（或行政）手段代替市场手段的机制；内部监管是董事会、监事会、高级管理人员及其他有关人员为了实现公司整体发展目标，保证公司健康有序发展，保障公司资产安全而对各部门需遵守和执行的一系列规则做出的安排。

三、会计监管

从会计监管术语的使用历史来看，早期相关理论研究中一般使用会计控制、会计管制、会计监督等概念。早在 1989 年，郭道扬教授就提出确立中国会计的全面控制观，并根据经济控制领域的大小，将会计控制的空间划分为宏观、中观、微观三个基本方面。在微观层面，提出国家应考虑建立独立会计控制体系，并创新地提出了"轴承式会计控制"的模式。这一控制模式由组织制度控制层、电算化控制层、经营循环控制层三个层次以及组织控制、制度控制、准则控制等十四个相关联的控制环节构成，充分体现了会计信息系统与会计控制系统的科学结合。

会计控制是指通过会计工作和利用会计信息对企业生产经营活动进行的指挥、调节、约束和促进等活动，使企业实现效益最大化。当然，也有一些学者提出了其他观点，认为会计监管包括内部监管和外部监管，前者是指会计对单位内部的经济活动的监控，后者是指政府或社会对单位内部的会计工作的管制。

从郭道扬教授早期的观点来看，会计控制即会计监管，包括内部会计监管和外部会计监管两个层次。目前，理论界绝大部分学者在进行相关研究时，会混用"会计管制"和"会计监管"，并将两者视为同一概念，不进行区分。本书则统一使用"会计监管"一词。部分中国学者的观点如下：夏冬林和刘峰认为政府直接或间接地介入会计行为，会对企业会计行为产生影响。于玉林认为，会计监管可以理解为"会计监督管理"的简称，或"会计监督和管理"的简称，两者内涵不同。"监督管理"是一个具有特定内涵的概念，是一种具体管理。在"会计监督和管理"中，"监督"与"管理"是并列的两个概念，即既要监督，又要管理。徐经长认为，就证券市场而言，会计监管是指以校正和改善证券市场中的会计信息披露问题为目的，政府机构和中介组织依照有关的法律和规章，通过法律、经济、行政等手段，对各类市场主体的会计行为进行的干预、管制和引导。

总结上述定义可以看出，学者们所理解的会计监管在理论研究和学术领域存在一定的分歧，存在内涵和外延上的差别。但这些分歧主要来源于学者们研究会计监管问题的时间和背景不同、角度不同，反映的会计监管定义的侧重点也各不相同，但这些定义从不同角度阐述并形成了会计监管概念的共性特征。本书根据这些共性将会计监管定义为：监管主体依据相关法规制度，通过建立、健全监管机制并运用一定的监督管理方法对相关单位的经济活动和会计行为进行监督和干预，来保证会计工作的顺利实施，从而提高会计工作质量，保护市场中相关各方的利益，实现资源优化配置的一种管理活动。

四、会计监管的基本要素

从会计监管的定义中可以看出，其基本要素至少包括以下几个方面：监管目标、监管主体、监管客体、监管内容和监管手段。监管目标明确了"为什么监管"的问题，监管主体明确了"谁来监管"的问题，监管客体明确了"监管谁"的问题，监管内容明确了"监管什么"的问题，监管手段明确了"怎样监管"的问题。下面分别对会计监管的上述基本要素加以讨论。

（一）会计监管的目标

作为理性经济人，市场经济活动的参与人都有一定的目标，目标是活动的起点，也是活动的终点，会计监管也不例外。马克思主义哲学基本原理告诉我们，任何事物的发展都是内因和外因的统一、量变和质变的统一、前进性和曲折性的统一。这一基本原理要求我国会计监管既要有最终目标，又要有中期目标。监管所要达到的最终目标即监管所要达到的最终结果，最终目标需要经过漫长和曲折的阶段和过程才能实现。而在向最终目标前进的过程中，又需要中期目标来指导每一个阶段的会计监管工作，这是具体监管活动找到的通向最终目标的路径。但是，由于主客观环境和因素的影响，各个会计监管阶段的中期目标不一定与最终目标一致，因此要在最终目标不变的前提下，根据客观条件的变化和主观认识的深化和提高，不断地修改、调整中期目标，这样才能更好、更快地接近最终目标。

1.会计监管的最终目标

市场具有实现社会资源有效配置的基本功能。但由于存在市场失灵和信息不对称等问题，其功能往往难以实现，因此必须引入会计监管体系，对每个市场参与者的行为进行监督和引导，缓解信息不对称，减少交易不公平，提高整个市场的透明度和运行效率，这是会计监管的最终目标。市场运行效率的提高能够配合宏观经济调控政策，能够引导整个社会的资源配置，可见实现最终目标是一个长期的、艰苦的过程。因此，会计监管的最终目标可描述为：经过各时期中期目标的努力和实现，不断完善市场机制，提高市场的运行效率，减少企业与利益相关者信息不对称的现象，引导资本合理配置，实现整个社会经济资源的优化配置。

2.会计监管的中期目标

中期目标是会计监管对最终目标的分解，在实现会计监管最终目标的过程中和实际操作的过程中，要将最终目标具体化，这样才能分阶段地、具体地执行监管任务，完成监管目标。中期目标又可以分为保护投资者合法利益和维护市场秩序两个方面。

第一，保护投资者合法利益。由于委托代理关系的存在，受托人的行为不一定能帮助委托人实现利益最大化。信息不对称或有效监督受托人行为需要更大的交易成本，往往会导致个人监督无效，进而导致市场失灵和会计信息透明度降低。在这种情况下，投资者的利益将受到侵害。侵害的结果是投资者不愿意在市场参与交易活动，从而导致资本市场无法有效地运行。为了缓和投资者与企业管理层的矛盾，监管部门需要建立一整套严格的信息披露制度，要求企业及时、真实地披露相关信息，并规定多种披露方式，如定期或不定期披露、强制披露和自愿披露等；对企业不真实或不及时披露的行为进行严格的监督管理，保证投资者能够获得及时、可靠和相关的信息，从而实现保护投资者合法利益的目标。

第二，维护市场经济秩序。就我国证券市场来讲，经过多年的发展，虽然其市场机制已有所改善，但与一些经济发达的国家相比，仍然存在很多问题，如上市公司数量较少、投机问题严重、存在内部交易等，良好的市场运行机制尚未建立起来。不健全的市场机制导致投资者无法获得真实的会计信息，企业无法提供高质量的会计信息，虚假信息泛滥，内部交易和投机行为普遍。在这种情况下，会计监管显得尤为重要。就非上市公司而言，无论是国有企业、民营企业还是外商投资企业，都会因为经营者业绩考核、个人薪酬、外部融资、税款缴纳等原因，有意无意地提供不真实的会计信息，从而误导会计信息的使用者。因此，会计监管的目标就是通过一系列的监管活动来抑制市场不完善导致的市场失灵情况，维护市场的经济秩序，使市场有效运行。

（二）会计监管的主体

会计监管的主体是监管行为的具体实施者。关于会计监管的主体，学术界存在不同的观点。阎达五和支晓强认为，在会计监控中，会计是监控的主体；在会计管制中，政府或会计执业团体是主体。黄世忠等认为，会计监管主体取决于市场和政府在角逐中的力量对比，行业自律和外部监管的主体各有不同。徐经长和王玲则将会计监管主体分为政府机构和非政府机构两类，在此基础上，进一步指出具体的监管主体，即前者包括中华人民共和国财政部（以下简称"财政部"）、中国证券监督管理委员会（以下简称"证监会"）等，后者包括会计师事务所和注册会计师协会。实际上，这些观点的不同之处在于，监管主体根据监管分类不同而有所区别。从内部监管来说，监管主体包括企业；从外部监管来说，监管主体包括政府机构、中介机构（如会计师事务所和注册会计师协会等）。

会计监管主体的设置极其重要，这是因为只有满足一定的要求，才能建立一个合理、有效的监管组织结构。这些要求具体包括：第一，组织结构纵横分布要合理；第二，各部门之间的分工合作要协调；第三，组织结构中各部门的权责范围要明确，避免重复监管、分散监管。因此，不同的层级或横向机构的设置不同，监管主体也不同。监管主体是监管的执行者，主体的行为是否合理和有效，将最终决定监管效率的高低。这就要求政府监管和行业自律相结合、纵向层级和横向结构相结合、内部监管和外部监管相结合。

（三）会计监管的客体

会计监管理论源于对会计监管对象（即会计监管的客体）的研究，会计监管的客体就是会计监管主体实施的监管活动的具体对象和内容。从这一定义可以看出，会计监管的客体包括两个方面，一是会计监管的对象，即会计信息以及会计信息提供过程中的参与者；二是会计监管的内容，即会计监管对象的会计行为和会计活动。虽然不同的监管体系和监管结构有不同的会计监管客体，但是对会计监管本身而言，会计监管的对象大体包括：会计信息、会计人员、注册会计师和会计师事务所；会计监管的内容大体包括：会计交易和会计事项，注册会计师审计工作程序和审计执业质量等。

关于会计监管的客体，学术界存在多种观点。如阎达五和支晓强认为，内部的会计监管对象是单位内部的经济活动，外部的会计监管对象是会计工作。王海民认为由政府实施的会计监管，其主要对象应该是以财务会计报告为载体的会计信息的质量。黄世忠认为会计监管的对象主要是企业，可进一步分为会计信息披露监管和会计职业监管。徐经长认为会计监管的对象为上市公司和会计师事务所，监管内容主要指会计监管对象在市场上的一切会计活动和行为，以及由这些会计活动和行为产生的各种关系和后果。

上述观点说明，应在会计监管的循环框架中研究会计监管对象。任何一种权力都不应失去监督，监管者应成为另一监管者的被监管对象，监管者之间应形成一种相互制衡的结构。会计监管对象应包括经济活动、会计活动、会计工作、会计资料及会计信息、会计人员、会计监管者本身等。以注册会计师协会的会计监管为例，其监管对象是会计师事务所和执业会计师及其从业人员等，而注册会计师协会又是国家有关会计监管部门、法律监管部门、广大注册会计师及其他会计从业人员的监督对象。同样，作为中介机构，会计师事务所应当保持客观、公正、独立，但其本身也是利益群体的一部分，有时也会受到利益的诱惑，在某些情况下丧失独立性，这就需要政府部门对其执业质量进行再监管。可以说，会计师事务所及其注册会计师对被审计单位而言是监管主体，而相对财政部门等政府监管者而言又是监管客体。单位内部会计监管的客体是经济业务事项及其会计行为；注册会计师的监管客体是被审计单位；政府部门的会计监管的客体则根据其法定职责权限不同而有所区别。比如，财政部门作为会计工作的主管部门，其会计监管的客体既包括各类行政机关和企事业单位，也包括会计师事务所等中介机构。

（四）会计监管的内容

会计监管的内容是指在会计监管活动中，监管主体对监管客体实施监管活动的范围。在不同的监管体制和层次中，监管内容也有所不同。因此，监管内容是随着监管主体、监管客体的变化而变化的。

就单位内部会计监管而言，其监管的对象和内容是本企业的经济活动，包括对会计凭证、会计账簿和会计报表等会计资料的监督；对各种财产和资金的监督；对财务收支的监督；对经济合同、经济计划及其他重要经营管理活动的监督；对成本费用的监督；对利润实现与分配的监督等。

就注册会计师而言，当其作为监管主体时，监管内容即会计师事务所和注册会计师依法执行审计业务的内容，主要包括被审计单位的财务会计核算情况以及和财务会计报告相关的内部控制情况，具体表现为被审计单位提供的会计凭证、会计账簿、财务会计报告及其他与审计相关的资料。

就政府会计监管而言，需要根据监管客体确定不同的监管内容。如对各企事业单位，政府会计监管的内容主要可概括为两个方面，一是会计工作及其结果，二是会计人员。但对注册会计师行业，政府会计监管的内容则包括对会计师事务所及其注册会计师的审计执业质量、注册会计师从业资格、注册会计师协会行业自律管理情况的再监督。

（五）会计监管的手段

我国会计监管手段一般包括：法律手段、行政手段、经济手段，以及引导行业自律的管理手段。这些手段相互配合，共同构成了统一的会计监管手段。

1. 法律规范手段

法律手段应当作为我国会计监管手段的基础，这也是实现会计监管目标的需要。《中华人民共和国会计法》（以下简称《会计法》）、《中华人民共和国注册会计师法》（以下简称《注册会计师法》）、《中华人民共和国证券法》（以下简称《证券法》）以及其他规章制度构成了法律手段的内容。

在会计法律法规体系尚不完善的情况下，我国需要不断健全法律规范体系，这就要使《会计法》与其他相关法律协调配合；需要打破《会计法》与《证券法》等法律之间相互独立的状态，协调政府监管部门之间的监管权限，使其相互配合，形成统一的系统。同时，也需要完善各种民事赔偿诉讼机制，从实体法角度出发为广大投资者的利益提供法律保障。

2. 法律、行政和经济三种手段相互配合

法律手段是会计监管的基础，但仅有法律手段不足以形成有效的监管体系，需要各种法律、法规和制度相互配合。第一，通过建立健全和完善会计监管的法律体系，以法律来规范监管对象的行为；第二，行政手段是指政府机关运用行政权力，以国家强制力为后盾，采用发布政策、制度、计划的方法对监管活动进行直接的管理和干预；第三，经济手段是指行政机关遵循经济运行规律及基本要求，利用监管对象及其行为活动的经济利害关系，进行间接的会计监管的办法。法律和行政手段都以国家强制力为基础，因此具有直接性和强制性。经济手段相对灵活，但由于我国市场经济还处于不断发展的阶段，单纯的经济手段可能无法保障经济有效运行。这就需要引入行政手段、法律手段，根据不同的监管体系，合理有效地配合使用三种手段，最大限度地提高监管效力。

3. 行业自律管理的方法

行业自律管理是指行业团体在政府的引导和监督下进行自律管理的管理模式。行业自律管理能够有效发挥行业内各团体组织自身的优势,帮助政府实现会计监管目标。行业自律管理模式在发达国家受到了广泛重视,但目前在我国的应用仍不够理想,还需要以政府监督为主导,将自律管理与政府监督相结合,形成有效的监管模式。

(六)会计监管诸要素的内在关系

会计监管诸要素之间存在密切的内在联系,具体表现在:第一,会计监管诸要素的内在关系,是以前面提出的理论观点为基础的。第二,会计监管各要素的内在关系包括会计监管要素之间的组织架构和运行体系,它是会计监管体系运行的内在机制。第三,会计监管要素是构成监管体系的基础,无论哪一层次的监管体系,都包括这些监管要素。

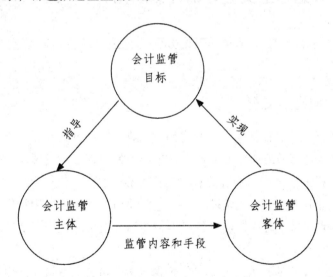

图 1-1　我国会计监管体系要素关系图

第二节　会计监管的基础理论

监管或监督属于公共财政的范畴，会计则以经济学为基础，因此本节重点介绍现代经济学、管理学方面的经典理论，具体从以下几个方面进行讨论：马克思主义会计控制理论、现代经济学理论、现代管理学理论、现代社会学理论。

一、马克思主义会计的控制理论

关于马克思主义会计控制理论方面的论述，需要从唯物主义观点出发分析。

（一）唯物主义观

唯物主义认为，在任何一个社会历史时期，生产方式都以一定的生产力发展为基础，与之相适应的生产关系则是生产力赖以存在和发展的社会形式。因此，有什么样的生产力就有什么样的生产关系。

会计是上层建筑的组成部分。一方面，会计的产生、运用和发展受社会生产方式的制约；另一方面，会计的产生、运用和发展对社会经济活动又有一定的影响和反作用。

德国思想家马克思在《资本论》中提到的"簿记"就是我们现在所说的会计。这是政治经济学从辩证唯物主义的角度对会计性质的总结，科学地论证了会计与社会生产发展之间的辩证关系。虽然马克思的《资本论》写于19世纪60年代，当时股份制公司刚刚兴起，会计仍处于以簿记为主的发展阶段，但用《资本论》的相关论述分析现代会计仍然适用。这一论述包含了两层意思：一是经济离不开会计，经济越发展、生产越社会化，会计越重要；二是会计控制是对再生产过程的控制和对再生产观念的总结。

马克思关于会计控制理论的论述表明，会计的产生与历史发展同生产有直接联系；会计的两大基本职能是核算（反映）和监督控制。这意味着经济越发达，生产、分配、交换和消费的过程越复杂，就越离不开会计的反映职能，就越需要利用会计来反映和监督。马克思的这一经典论述表明，会计的一大职能是对单位内部经济活动的监督，而这一职能是由单位内部的会计机构和会计人员来履行的。这是会计监管最基础、最根本的职能，属于内部会计监管的范畴。

（二）会计信息论与会计控制论

从信息论的观点来看，信息系统与控制系统是无法准确区分开的，信息不经控制或控制不得当就无法保证真实性。没有信息的反馈，控制也无法进行。因此，一个信息系统必然也是一个控制系统，而一个控制系统也必然是一个信息系统。按照传统会计理论，将会计看作一个信息系统，就很有可能忽略了会计的另一个职能，即控制（即前面所说的监督）的职能。信息只是一种手段，是实现会计控制的一个基本环节，是达成控制目标的工具。将会计的本质定义为信息系统，很可能造成以下两个方面的问题：第一，将会计定义为信息系统容易导致人们忽略会计控制功能，造成控制效果弱化；第二，容易从信息系统的特点规范安排信息的产出，而不是从更客观的实际控制需求出发加工、处理并提供信息，这将导致会计信息与实际控制目标脱节。控制是以信息系统提供的会计信息为依据的，而信息系统则是进行会计控制必不可少的基础。

（三）控制论与会计监管

会计的本质是一个控制系统，会计监管的一个重要方面是对单位内部经济活动的监督和控制，会计监管体系要以其监督控制职能为基本出发点。"过程的控制"表明，会计监管不是单纯的事后反馈，而是事前预测、事中控制和事后考核的过程，是对单位内部经济活动的一种全方位、全过程的系统控制。会计的监管职能蕴含在会计的本质中，而不是由任何外部环境施加的。会计监管要对组织的经济活动，特别是对资金活动的合法性、效益性进行监管，还要对会计事务活动进行总结。

二、现代经济学理论

（一）市场失灵理论

随着经济的不断发展，一般均衡理论所描述的市场机制在现实中并未出现，市场也未达到最优配置。新古典主义经济学认为，当自由市场生产的产品数量或质量与社会最佳量不等时，就会出现市场失灵的情况，而市场失灵最主要的诱因是公共产品和信息不对称。

公共产品最显著的特点是某人消费它不会减少其他人消费它的数量，这与私有产品是截然不同的。由于公共产品的这种特殊性质，追求效用最大化的个人必然存在"免费搭便车"的内在动机，导致供给者同样无法确定市场需求，从而导致公共产品供给不足，甚至零供给，进而难以达到帕累托最优[①]。

信息不对称是指进行交易的一方比另一方掌握更多的信息，从而导致交易关系和契约安排的不公平或者市场效率降低等问题。信息不对称现象普遍存在于企业、投资者、政府、相关利益方之间。信息不对称会导致信息优势的一方利用信息优势欺骗或误导信息劣势的一方，从而实现自身利益的最大化。而作为理性人的信息劣势的一方为了防止被信息优势方误导和欺骗，在交易中就会更加谨慎，或投入更多的成本去了解信息优势方，从而导致交易效率低。

1. 会计信息市场失灵

会计信息市场也会失灵，这是因为在没有会计监管时，个人自愿性偏好会导致会计信息生产量达不到最优。在企业与会计信息使用者存在信息不对称时，企业管理层出于实现信息自由效用最大化或股东利益最大化的目的，在披露会计信息时，没有按最优的资源配置方式进行披露，导致会计信息市场失灵。

第一，从公共产品的角度分析。会计是以货币为主要计量尺度对经济活动进行连续、系统、全面、综合的计算，将一个公司分散的经营活动转化成一组客观的数据，提供有关公司的经营业绩、财务状况等信息。这可以归纳为会计信

---

①帕累托最优：也称为帕累托效率，是指资源分配的一种理想状态，假定固有的一群人和可分配的资源，从一种分配状态到另一种状态的变化中，在没有使任何人境况变坏的前提下，使至少一个人变得更好，这就是帕累托最优化。

息的两大功能：受托责任与决策有用。无论从哪种功能来看，会计都是对企业经济活动进行记录、反映的过程，会计报表都能为利益相关者提供有用的信息。

一些学者认为，会计信息是一种公共产品，而不是私有产品。从决策有用的角度看，会计信息或会计报表可以看作公共产品。实际上，从获取收益的角度看，会计信息具有公共产品和私有产品的双重属性。当会计信息披露后，所有资本市场参与者都可以查到这些信息，这可能导致投资者滥用会计信息。而且如果这种滥用会计信息的行为对披露信息的企业有消极影响，那么该企业会为之付出间接代价。具有公共产品属性的会计信息如何导致市场失灵呢？有人认为，信息的公共产品属性本身不会导致市场失灵，但如果信息的提供者不能避免非购买者使用信息，并且不能为不同的购买者制定不同的价格，那么就会出现市场失灵。就会计信息而言，管理层将其披露出去，但无法避免其为非购买者使用，因为披露的公共信息是所有市场参与者都能够看到的。于是那些未持有企业证券的投资者可以从企业的报告中获得信息，却不需要付出任何代价。公司管理层由于没有得到来自这些使用者的补偿，在决定信息提供量时就不会考虑这些人的需求，因此在决定披露多少信息以及信息质量方面，可能出于自身效用或满足某一方利益相关者（如股东）的需要，进行不足披露或不实披露，致使会计信息产品无法达到最优，导致会计市场失灵。当出现信息披露不足或质量较低的情况时，就会出现信息"生产不足"，无法达到帕累托最优。这些分析表明，由于会计信息具有公共产品属性，投资者可以无偿使用公共信息；管理层出于个人效用最大化，也可能会披露不实的会计信息。这些都会导致会计信息市场失灵。

第二，从信息不对称的角度分析。企业管理层往往属于信息优势方，其他相关利益方则属于信息劣势方。当市场不完全有效时，企业可能会利用信息不对称进行不足或不实披露，影响利益相关者的行为，以实现自己的目的。这将影响资源配置的有效性，不但会影响资本市场的运行效率，而且也会影响监管者的判断。因此，信息不对称状态下的不足及不实披露会导致会计信息生产不足，从而影响市场有效性，并致使市场失灵。

2. 市场失灵与会计监管

上述市场失灵的现象，需要通过会计监管来消除或缓解，进而提高市场效率，这就是监管的初衷。因此，应通过有效的会计监管来提高会计信息市场失灵造成的市场低效率。

一方面，会计信息的公共产品特征导致的市场失灵无法使资本市场或经济活动有效运行，这就需要政府部门、中介机构以及企业自身依据一定的制度规则进行监督和干预，使经济运行、使资本市场按照更有效的方式运行。由于会计信息这一公共产品特征导致了信息提供方（企业）和信息使用方的行为偏差，无法引导资源进行有效配置，因此必然要求会计监管进行引导、监督，从而达到经济市场高效率运行的目标。

另一方面，为了增强市场有效性，提高交易双方的信任程度，或减少因避免欺骗而增加的交易成本，需要引入监督管理机制。在信息不对称的情况下，会计监管可以约束和监督信息优势方的行为，干预或推动他们做出真实披露和充足披露，从而为利益相关方有效使用信息提供便利，最终提高整个资本市场的运行效率。

（二）不完全契约理论

契约理论起源于英国经济学家罗纳德·哈里·科斯关于企业理论的讨论。科斯的研究带动一批人更深入地探讨不完全契约理论、委托代理理论以及交易成本理论等,这些理论的核心是将企业看作一系列合约的联结。契约理论认为，企业不是一个个体，其本质是契约关系，是各种相互抵触的诸多目标形成的一个契约关系的框架。在完全契约理论下，除了定义企业的本质外，大家都关心的一个问题是管理层激励问题，这是委托代理问题导致的。由于委托人和代理人之间存在信息不对称，所以容易出现道德风险与逆向选择的问题。在现实生活中，由于信息不完全，作为一系列契约联结体的企业及其相关利益方在订立契约时，不可能预见未来所有的事项，因此有些契约条款不能完全写入契约，这也导致双方在未来执行契约时不可能做到完美,这就是不完全契约理论。在不完全契约理论下，如何激励和监督则成为重要的问题。委托人首先要选择合适的监督方式，来观察代理人是否采取能让委托人利益最大化的行为。由于存在严重的信息不对称，委托人也需要配合合适的激励机制来促使代理人努力工作。这说明，激励和监督在一定程度上增加了不完全契约的可行性。

另外，有限理性、信息不完全和交易事项的不确定性，都导致特殊权利的成本过高，制定完全契约是不现实也不可能的，而制定不完全契约则是必然和经常的。不完全契约理论认为，在契约中可预见、可实施的权利并不重要，重要的是契约中未提及的那些资产用法的控制权利，即剩余控制权。由于契约不完全，缔约双方事前无法将所有契约内容进行明确，这就需要事后的监督和约束。因此，对那些基于会计信息或会计数字的缔约双方以及契约本身（如债务契约）而言，就不仅需要借助市场的力量，还需要通过政府机构、中介机构的介入，对双方的行为进行约束和监督，因此会计监管必不可少。

目前我国尚处在经济发展的转轨时期，相应的法律制度还处于待完善的状态之中，投资者保护环境也较差。因此，在我国的经济活动中，不完全契约普遍存在。不完全契约理论的思想也能很好地应用到现实中。对此，可以从以下几个方面加以理解：首先，会计应保护企业物质财产的安全，证明财产管理人适当地履行了受托职责。其次，当管理层想要通过会计舞弊与欺诈实现效用最大化时，必然要通过会计人员来粉饰财务报表。由于会计人员直接受雇于管理层，可能会选择舞弊，从而为会计舞弊提供了可能。最后，通过建立健全内部控制，实施有效的内部会计监管，能够有效地防止单位内部会计舞弊行为的出现。

三、现代管理学理论

（一）受托责任理论

受托责任是指经管他人财产者所负有的向财产所有者提交说明其行为过程的报告的责任。一个组织的经营管理者所管理的各项资产、资源往往并非自己所有，其受公民、纳税人、股东、出资人、信托人、贷款人等委托人的委托对他们的财产进行管理，经营管理者理应负有的责任就是一种受托责任。受托责任已经发展了几千年，并非商品经济时代特有的产物。当剩余产品和社会分工出现后，就产生了委托和受托的人类活动。商品经济的发展，尤其是股份公司的出现致使所有权与经营权分离，科学意义上的受托责任愈加明确。

人类社会的发展从某种角度上来说就是受托责任的发展。现代社会生活中，无论在公私领域，还是在营利或非营利组织中，受托责任关系无处不在、无时不有。

受托责任的内容随着人类社会的发展而不断变化，既有历史延续性又有时代特征。在奴隶社会和封建社会，受托责任的主要内容是财务纪律；到了资本主义社会，委托人更加关心资产的保值增值，受托责任的主要内容是经济效益；现代社会的受托责任已经远远超出了财务纪律和经济效益的范围，社会效益成为受托责任的重要组成部分。在现代受托责任中，受托主体更加多元化，政府机构、非营利组织、企业等实体受人民、出资人、社会大众的委托管理，使用各种资源，受托责任的完成和解除程序也更为复杂。

1. 受托责任与会计

受托责任与会计是相伴而生的，没有受托责任，就不需要会计；而会计的控制功能，可以保证委托关系的建立。因此，有些学者认为，会计监管是由于这个实体所负的受托责任，同时为解除这个受托责任而进行的。日本学者片野一郎认为，一定的经济主体赋予其财产保管者保管和运用所有财产的权限，并要求他们管好、用好这些财产，从而产生一系列的会计事实和责任，这种责任就是受托责任。

从受托责任的观点看，现代会计一个最主要、最基本的目的就是反映受托责任的完成情况，以便委托人做出下一步的决策。会计的目标是以恰当的形式有效地反映和报告资源受托方的受托经管责任及其履行情况。在不同的历史发展阶段和不同的社会发展形态下，受托责任具有不同的表现形式，其根本差别就在于谁授予受托责任和谁担负受托责任。

2. 受托责任与会计监管

在现代企业制度下，受托责任普遍存在，需要相应的会计监管发挥额外的作用。由于现代企业经济活动、会计活动的复杂性，除了本身就具有会计监督职能的会计外，还需要外部审计来对管理层执行的会计活动是否符合"公认会计原则"进行"再监督"和"再鉴定"，因此，受托责任在客观上要求单位内部会计监督和单位外部审计监管同时发挥作用，这就形成了会计监管。

王光远在考察了"控制"概念的起源后指出："本质上讲，控制是受托责任的需要，控制是对受托责任的控制。"

这里所说的"控制"就是会计控制，即会计监管。单位内部会计监管体现了单位内部的受托责任关系，单位外部的受托责任则体现了单位外部的受托责任关系。由此可见，无论是注册会计师通过审计履行的社会会计监管，还是财政等部门的政府会计监管都是受托责任的一种体现。外部监管的发生与发展以单位外部的受托责任为基础，内部监管的发生与发展则以单位内部的受托责任为基础。

（二）委托代理理论

有学者认为代理关系是一种契约。在这种契约下，一个人或更多的人（即委托人）聘用另一人（即代理人）代表自己来履行某些责任，包括把若干决策权托付给代理人。委托代理理论来源于企业所有权和控制权的分离，当资产的所有者并不实际经营企业，而由管理者进行日常经营时，前者被称为委托人，后者则被称为代理人。

当所有者和管理者是同一人时，其便拥有了企业全部的剩余控制权和剩余索取权，就会努力工作，就不会存在委托代理问题。但是，当企业的所有权与经营权分离时，就会出现代理问题，因为委托人拥有企业的剩余索取权，代理人并不拥有剩余索取权。因此，代理人努力工作可以提高所有者的收益，但并不会为代理人带来更大的收益，这时委托人和代理人之间就会出现目标不一致的情况。同时，代理人为追求个人私利的最大化，在不构成法律或行政责任的前提下，有可能会采取伤害委托人利益的行为，这就产生了委托代理问题。由于存在信息不对称，委托人不可能完全了解和观察到代理人的所有活动，并不能完全有效地监督代理人。因此，信息不对称或不完全的情况就加剧了委托代理问题。上述观点综合起来，就构成了委托代理理论。

委托代理理论以及存在的委托代理问题普遍存在于企业中，除了股东与管理层外，企业高管与中层管理者之间、管理层与员工之间，以及会计机构与部门之间，都会存在委托代理关系，也不可避免地会出现委托代理问题。无论是企业的众多股东还是广大社会公众，由于专业知识、社会成本等方方面面的限制，他们不可能以个人的身份对企业的会计工作及会计资料进行查阅、监督，而是通过委托有专业知识和能力的注册会计师或委托政府部门更有效地达到个体无法达到的目的。同时，会计监管主体能够运用专业的知识和方法对单位内部的各层次、各部门进行监管，从而保证会计信息的质量，完成受托责任。

（三）利益相关者理论

利益相关者是指与企业有一定利益关系的个人、组织和其他群体，可能是单位内部的员工，也可能是单位外部的供应商或客户等。一般情况下，利益相关者大体包括：所有者和股东、银行和其他债权人、供应商、客户、广告商、管理层、雇员、工会、竞争对手、国家及地方政府、管制者、媒体、公众利益群体，以及军队和其他群体。

利益相关者能够影响企业或组织的决策，他们的建议一般作为企业或组织决策时要考虑的因素。当然，利益相关者不可能对所有问题都保持一致意见。由于利益相关者的利益不一致，因此如何平衡各利益相关者的不同利益成为企业或组织制定战略时必须考虑的关键问题。

为了更好地刻画和说明利益相关者与企业的关系，本节构建了利益相关者框架图（见图1-2）。从该框架图可以看出，围绕着企业的利益相关者与企业的关系存在不同的特征和经济行为链，如股东与企业之间的关系是投资和分红，政府与企业之间的关系是纳税和服务，员工与企业的关系则是工资、知识及技能。因此，利益相关者与企业之间存在着比较复杂的关系。而且由于经济行为链和各方效用函数不同，企业在进行利益相关者与企业关系的分析时，要从整体和战略的角度进行权衡，不能在增加一方利益的同时损害另一方的利益，而要不断增加公司价值，以满足多方的利益需求。

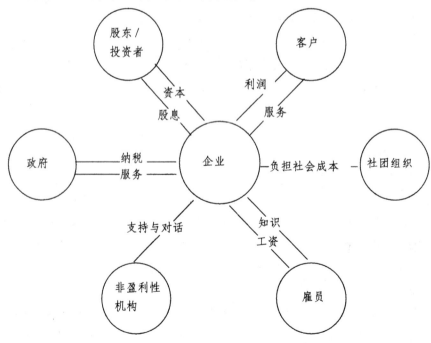

图1-2　利益相关者框架图

四、现代社会学理论

（一）公共利益理论

公共利益理论最初由美国经济学家乔治·斯蒂格勒提出。这一理论认为，政府管制是为了抑制市场的不完全性缺陷，以维护公众的利益，即在存在公共产品、外部性、自然垄断、不完全竞争、不确定性、信息不对称等市场失灵现象的行业中，为了弥补市场失灵的缺陷，保护社会公众利益，由政府对这些行业中微观经济主体的会计行为进行直接干预，从而达到保护社会公众利益的目的。会计市场同样存在市场失灵的现象，导致会计资源配置不能实现帕累托最优，根据公共利益理论，政府会计监管可以降低或消除市场失灵。会计市场受会计信息以下特性的影响。

1. 会计信息供给的垄断性

会计信息供给的垄断性主要来源于会计信息提供者的垄断地位，他们可以利用自身的垄断地位来谋取垄断利润，在这一过程中市场运行效率必然下降。这种低效率是市场自身难以调节的，必须借助政府进行有效的会计监管。政府能够通过合适的监管手段来改变垄断的程度并抑制由此带来的低效率，如加强对上市公司会计信息披露方面的规范管理，加强对注册会计师职业道德的约束，提高注册会计师的执业质量。有效的政府会计监管可以弥补会计信息市场自身的不完善，消除会计信息生产者的垄断生产优势，减少会计信息供需双方的信息不对称，促进会计规则的标准化，防止和杜绝会计信息造假，提高会计信息质量。

2. 会计信息的外部性

由于企业披露的会计信息会被同行业或相关行业的竞争对手利用，企业的披露成本、收益与全社会的成本、收益背离。企业在这种情况下可能并不愿意充分、及时地披露本单位的会计信息，最终导致社会资源无法达到最优化配置。当然，在单纯依靠市场无法克服会计信息外部性的时候，就需要政府制定统一的强制性信息披露制度，减少企业对披露内容和时间的选择性，最大限度地减少信息披露带来的不良影响，降低外部性对市场造成的不利影响。

3. 会计信息的公共产品属性

上市公司披露的会计信息具有公共产品的性质，每个人都能观察到并可使用这些信息，因此不属于私人物品。这一属性决定了其生产成本不能得到直接补偿，导致会计信息供给不足。但另一方面，由于存在信息不对称的现象，加上市场对会计信息的需求又很大，会计信息供需缺口较大，供需矛盾加剧，这就需要政府介入来解决公共产品属性带来的市场缺陷。

4. 会计信息的不对称性

所有权和经营权分离已成为现代企业的一个重要特征，这就决定了企业管理者具有绝对优势来拥有会计信息。但投资者并不能完全掌握公司内部所有的有价值的信息，因此投资者需要根据管理层披露的会计信息进行决策，这就导致会计信息不对称。由于会计信息的不对称性，会计信息市场会产生"柠檬问题"，即会计市场的逆向选择和道德风险，导致市场上会计信息质量的恶化。针对会计信息的不对称性，在市场处于失灵的状态下，政府对企业的会计监管应体现为通过强制的规范管理尽量减少企业管理者对会计信息的操纵，实现资源的合理配置。

（二）系统论

系统论是研究系统的一般模式、结构和规律的学问，它研究各种系统的共同特征，用数学方法定量地描述其功能，寻求并确立适用于一切系统的原理、原则和数学模型，是具有逻辑和数学性质的一门科学。根据这一定义可知，整体性、关联性、动态平衡性、时序性等是所有系统共同的基本特征。因此，系统论是反映客观规律的科学理论，不但具有整体的核心思想，而且还具有科学的方法体系。

1. 核心思想

系统论的核心思想是系统的整体观念。因此，一些学者认为，任何系统都是一个有机整体，并不是各个部分的简单、机械组合。各个部分在系统中都处于一定的位置，发挥着特定的作用。各要素之间存在一定的关联性，它们相互作用和联结，形成一个不可分割的整体。如果将各要素从系统中分离出来，系统就不再是整体了，它也将失去其应有的作用。系统论的核心思想就是：系统是由要素构成的整体，要素离不开整体；离开了要素，有机整体也不复存在。

2. 系统论的基本方法

系统论的基本方法就是把研究对象当作一个系统和整体进行处理，通过分析、研究对象的结构和功能，研究要素、系统和环境三者的相互关系和变动的规律性。系统可以根据不同原则、方式和情况进行分类。按人类干预情况，系统可分为自然系统、人工系统；按科学领域，系统可分为自然系统、社会系统和思维系统；按研究范围，系统可分为宏观系统和微观系统；按与环境的关系，系统可分为开放系统、封闭系统、孤立系统；按平衡状态，系统可分为平衡系统、非平衡系统、近平衡系统、远平衡系统等。

第三节　会计监管模式比较

一、国外会计监管模式总结

各国的会计监管模式各具特点，比如英国采取以独立监管为主，以政府监管、行业自律为辅的会计监管模式，主要通过独立监管机构—财务报告理事会对整个会计师行业进行独立监管；美国采取独立监管与行业自律管理结合的模式，美国公众公司会计监督委员会是该监管模式下的独立会计监管机构，而美国注册会计师协会则为行业自律监管机构；日本采取以政府监管为主、其他监管方式为辅的监管模式；德国采取以行业自律为核心、内外结合的监管模式，行业自律主要体现在会计准则的制定是由民间机构—会计准则委员会承担的；欧盟采取政府监管和行业自律并重的模式。通过上述内容可以发现，各个国家的会计监管模式虽然有融合之处，但又各具特点，都是各国适应政治经济发展要求的必然产物，符合各国政治、文化、经济等制度背景。

对比以上五个国家和地区的会计监管模式，编者发现，英国和美国的会计监管模式比较类似，都成立了独立监管机构，都依赖独立监管，区别在于英国以独立监管为主，而美国则坚持独立监管和行业自律并重。其他三个国家和地区的会计监管都依赖政府监管和行业自律，但德国偏重行业自律，欧盟采取政府监管和行业自律并重的方式，日本则偏重政府监管。

二、我国"三位一体"会计监管模式的特色

本文提及"三位一体"，所谓"三位"是指单位内部会计监管、注册会计师监管和政府会计监管；所谓"一体"，是指各监管方式之间相互联系、相互协调，从而形成一个有机的整体。三种监管方式相互补充、相互制约，形成了一种不可替代的关系，是一种有效的会计监管体系。

通过前面对不同国家会计监管模式的比较研究，结合前文对我国会计监管体系的论述，编者认同，与其他国家的会计监管模式相比，我国"三位一体"会计监管模式主要具有以下特点。

（一）法律规定系统明确

首先，就政府会计监管而言，《会计法》明确了财政部门在会计监管中的主导地位，明确了会计法规等的制定权限，规定了财政部门对机关、企事业单位以及注册会计师进行会计监管的内容、范围、方式方法以及行政处罚的相关问题，同时明确了政府在会计监管中的职责。《注册会计师法》明确了财政部门对注册会计师、会计师事务所以及注册会计师协会进行监督、指导的职责。

其次，就注册会计师的社会监管而言，《会计法》《注册会计师法》以及其他相关的法规从不同角度明确了注册会计师审计监督的范围、职责，对被审计单位提出了相关要求，明确了行业自律的相关问题。

最后，就单位内部会计监管而言，《会计法》等相关法律法规，明确了单位负责人、会计机构、会计人员、其他人员在会计工作以及内部会计监督中的责任等。比如，《会计法》明确规定，单位负责人要对本单位的会计工作和会计资料的真实性、完整性负责。这一规定不仅有利于加强单位内部会计监管，提高基层单位会计信息的质量，还有利于降低注册会计师审计失败的风险，有助于注册会计师的社会监管。而其他国家较少有专门的法律对会计监管做出系统的规定，大多是在相关法律中涉及。郭道扬教授认为，《会计法》树立了会

计监督在法律上的权威性的高度，全面、系统地对各单位内部与外部的各个重要监督环节做出了规定，并把会计监督规范与会计核算规范统一起来，明确了落实会计监督的层次，建立了全面实现会计监督的基本关系，突出了我国实行的会计监督在会计立法上的特色。

（二）具有完整的"三位一体"会计监管体系

无论是美国过去长期实行的高度行业自律的监管模式，近年来推行的独立监管模式，还是欧洲及日本几经调整形成的政府监管与行业自律相结合的监管模式，都主要围绕注册会计师行业展开，政府对企事业单位等的会计监管非常有限。当然这与法律体系和政治体制有关，但从充分有效发挥政府社会管理职能的角度来看，政府对基层单位的会计监管是必不可少的。

我国的会计监管在强调政府会计监管主导作用的同时，也强调单位内部会计监管的基础作用和注册会计师社会（或中介）监督的保障作用；在注重发挥注册会计师对企事业单位的社会监管作用的同时，也注重强化政府部门对企事业单位的直接的行政监管；在不断加强和完善注册会计师行业自律管理体系的同时，更加注重加强政府对注册会计师行业的行政监管。可以说，经过几十年的探索和改革发展，我国已经形成了单位内部监管、注册会计师社会监管、政府行政监管"三位一体"的会计监管体系，三者紧密结合成为有机的整体。

（三）监管内容丰富全面

英美等国家的会计监管主要侧重会计标准和注册会计师行业。我国的会计监管则更加全面。比如，在会计法规制度方面，我国从规范会计核算的准则制度到会计基础工作规范、会计信息化规范，以及会计档案管理等多方面加强会计监管。在会计机构和会计人员监管方面，从会计机构的设置到会计人员的配备，从会计人员从业资格到会计主管人员的任职资格，进行多角度的监管。在会计信息的监管方面，从会计信息的生成到会计信息的提供，进行全过程监管。在注册会计师社会监管方面，从注册会计师的执业资格认证到会计师事务所的市场准入制度，从注册会计师的执业标准到注册会计师的执业质量，从会计师事务所的风险控制到内部管理等，进行全方位监管。

（四）监管手段多样化

英美等国家的会计监管主要采用法律和自律的手段，而我国的会计监管，法律、行政、经济、自律等多种监管手段并用，监管的方式、方法更加多样化。以对注册会计师的行政监管为例，在行政监管的分工上，各监管主体在财政部的统一领导下，由财政部在各地的派出机构（财政监察专员办事处）负责监管有证券期货执业资格的事务所，其他中小会计师事务所由省级财政部门负责监管；在监管的方式上，除了现场检查外，注重通过业务报备等方式加强日常监管；在对事务所的检查中，除了注重对事务所进行全面的检查外，还注重从事务所内部着手延伸检查其审计的客户，通过对其审计客户的延伸检查，检查被审计客户的会计核算、财务报告是否存在重大问题。

另外，在对企事业单位的会计信息进行检查并落实其会计责任以后，还要延伸检查为其出具审计报告的会计师事务所，落实注册会计师的相关审计责任。这种"所企双向延伸检查"的行政监管方式，具有中国特色，监管效果明显。而英美等国家的会计监管大多只是对会计师事务所的监管，没有直接对企业等基层单位进行监管，缺少从企业会计责任的角度对事务所审计责任的进一步验证，会计监管的成效也会因此受到影响。

（五）监管机构独立性强

从监管主体看，我国的政府会计监管主要由财政等政府部门履行法律赋予的社会监管职能，其监管人员完全独立于被监管单位；从监管工作的经费保障看，行政监管部门所需的工作经费来自财政预算拨款，不向事务所或企业等被监管对象收取任何监管费用；从工作程序看，行政检查要经历查前通知、现场检查、签署检查工作底稿、专家论证、集中审理、处理处罚、行政复议和行政诉讼等多个环节，既体现了行政监管的依法、独立、公开、透明，也保障了被监管者的法律权利。而其他国家的监管机构，监管经费问题大多通过向会计师事务所或上市公司等被监管对象收取的方式来解决，监管人员也与事务所等关系密切，监管的独立性必然会受到影响。

（六）监管实际成效显著

就政府会计监管来讲，监管主体主要通过法规制度的不断完善，为政府监管、注册会计师审计和单位内部会计监管提供明确的制度依据；通过对违法者处以行政罚款、暂停执业、吊销执业资格等严厉的处罚，增加其违规成本，震慑其违法行为；通过查前公示、查后公告等多种方式，扩大监管影响、放大监管效果。

就注册会计师的社会监管来讲，监管主体主要通过不断拓宽注册会计师的执业领域，逐步扩大其社会会计监管的范围；通过加强行业职能作用的宣传，恢复行业的社会公信力，提高注册会计师社会监管的影响力；通过优化事务所的组织形式，进一步强化社会监管的作用和能力。就单位内部会计监管来讲，监管主体主要通过《会计法》等法律法规的普及宣传，营造加强内部会计监管的社会氛围；通过明确单位负责人的会计责任等，强化内部会计监管的责任主体；通过颁布内部控制规范等，明确加强内部会计监管的主要途径。

从近些年我国会计监管的成效来看，由于会计监管的加强，会计信息失真、会计工作秩序混乱的局面得到了明显的好转，会计工作水平明显提高，中国在国际会计领域的影响力明显增强；注册会计师的专业服务水平大幅度提升，会计师事务所的执业质量显著提高，行业的社会公信力大大提升。

从监管模式的国际对比来看，国内外的会计监管模式各有优劣。我们应从我国国情出发，构建适合我国国情的会计监管模式。本文提出的"三位一体"监管模式正是在这一思想指导下构建的。当然，监管模式的构建也不应全盘否定国外经验，而要去伪存真，借鉴国外会计监管模式的经验，充分发挥"三位一体"监管模式的优势，更好地为我国经济发展和社会建设服务，更好地为全球经济一体化服务。同时，我们也要在国际上弘扬我国会计监管体系的经验和优势，确立"三位一体"监管体系的国际地位。

第二章　我国会计监管的历史演进

第一节　内部会计监管的历史演进

随着我国经济社会的发展以及会计工作的变化，无论是企业还是行政事业单位，其内部会计监管都经历了曲折的发展历程。

一、内部会计监管制度的初步确立阶段

从中华人民共和国成立到"一五"计划结束，国民经济及会计工作都得到了迅速的恢复和发展。这一时期是我国国家机关、事业单位、国有企业以及其他经济组织的会计工作秩序恢复、建立、稳定发展和会计核算工作逐步规范的重要阶段。这一时期单位内部会计监管主要体现在以下三个方面。

（一）执行国家的相关会计制度，提高会计的工作质量

经济活动离不开会计工作。在新中国成立初期的统一财经时期，加强国家统一的会计制度建设，尤其是加强企业内部会计制度建设，显得十分重要。

新中国成立初期，财政部根据中华人民共和国中央人民政府政务院财政经济委员会（1949 年 9 月 ~ 1954 年 9 月，以下简称"政务院财政经济委员会"）

的要求，成立了会计制度审议委员会，负责审议中央各业务主管部门草拟的所属企业和经济机构的统一会计制度，并报经中财委批准后发布执行。之后，财政部会同有关部门制定、印发了一系列在全国范围内实施的会计制度。同时，财政部还制定、颁发了一系列规章制度，这些规章制度在实施过程中得到了不断的修订、补充和完善。

随着国家有关会计规章制度的建立，基层单位也把严格执行财政财务管理制度、加强会计核算、保证会计数据真实可靠等作为会计工作的中心内容。广大会计人员在实践中学习，把认真执行各项会计制度和财政、财务管理法规作为自己的神圣职责，用充沛的精力和极高的热情做好保障会计数据真实、可靠的各项基础工作，把及时、正确登记会计账目，按时报出会计报表等作为会计本职工作的基本要求。可以说，当时基层单位的会计机构和会计人员在做好各项会计工作，尤其是保证会计数据（会计信息）的真实、可靠方面履行了其作为单位内部会计监管主体的基本职责。

（二）加强单位内部经济核算和会计管理，提高经济效益

新中国成立初期，建立和壮大国有经济，恢复企业生产，加强单位内部经营管理，是恢复国民经济的重要任务之一，因此加强单位内部经济核算，尤其是单位内部经济核算和管理也成为各单位会计工作的重要内容。新中国成立初期会计制度的统一，使会计核算工作初步实现了有章可循，也为统一的财务管理制度和经济核算制度的建立打下了基础。这一时期，政务院财政经济委员会、财政部等部门通过召开有关会议，制定颁发相关文件，部署、开展和加强了国有企业经济核算工作。随后，各部门和广大企业纷纷响应，积极推行企业经济核算制，加强财务会计管理工作。

与此同时，各基层企业也在实践工作中总结、推广了许多行之有效的推行内部经济核算、加强内部会计管理的制度方法。比如，以石景山钢铁厂等为代表的"车间班组核算制度"、以天津钢厂（现"天津天铁冶金集团有限公司"）为代表的"决算审查会议（经济活动分析会议）制度"，在许多企业广泛推行的"定额发料和费用控制制度"等。

经济核算制的建立和会计管理工作的加强是相互促进的关系。如当时一些企业实行的车间、班组核算制，使原来的一级核算变为二级、三级核算，发展

了会计核算的组织形式；指标分解、费用手册等管理形式的出现，大大发展了会计核算的内容和管理手段；群众参与核算和民主理财，丰富了会计监督的内容；等等。这些内部会计管理方式，为我国单位内部会计监管工作的开展提供了有益、丰富的实践经验。

（三）以预算会计工作的开展为依托，提出并尝试开展单位内部会计的监管工作

新中国成立初期，作为财政工作重要组成部分的预算会计得到了快速恢复和发展。我国在统一预算会计制度的同时，逐步理顺了预算会计管理体制。各级财政部门总会计之间、各级总会计与所属单位会计之间开始建立联系，明确了会计工作的领导关系，统一了会计思想，同时提出了会计的监督职能，发挥了会计监督的积极作用。可以说，在当时我国已经认识到会计监管在保护国家财产、节约积累建设资金等方面的作用，并积极通过会计检查等方式开展会计监管工作。

这一时期，单位内部会计监管工作体现出以下特点：第一，会计工作的相关法规制度尚不健全，会计工作的重点是建立正常的会计工作秩序，内部会计监管发挥的作用有限，其主要任务是保证会计信息的质量。第二，在国民经济恢复时期，预算会计在财政工作中发挥了重要作用；在行政事业单位，内部会计监管职能作用也得到了体现。

二、内部会计监管的完善调整阶段

党的十一届三中全会以后，我国进入了改革开放和社会主义现代化建设新时期。随着会计工作的不断改进，单位内部会计监管也得到加强并不断完善。

（一）加强单位内部管理，为单位内部会计监管提供了需求

改革开放初期，党和国家提出要大力整顿财务会计管理和经济核算工作，企业在开展扭亏增盈工作的同时，普遍加强了内部经济核算和财务会计管理，涌现了许多优秀经验和做法，比如首都钢铁公司建立了"五集中"的经济责任

制，鞍山钢铁公司实行标准成本管理制，天津自行车厂实行目标利润管理制，等等。在这些经济责任制的建立和实行过程中，无论是指标体系的建立与分解，还是经济指标完成情况的记录、核算和考核，都离不开健全的会计工作，这也对单位内部会计监管职能作用的发挥提出了更多的需求和更高的要求。党的第十四次全国代表大会以后，随着社会主义市场经济体制的逐步确立，企业改革不断深化，会计管理不断加强。

会计管理在企业改革和管理中的作用也更加显现。邯郸钢铁总厂（现"邯郸钢铁集团有限责任公司"）实行"模拟市场核算，实行成本否决"的核算和管理方法；上海宝钢集团从1993年开始试行全面预算管理制，以资金管理为纽带，由财务会计对生产、经营、管理进行事前、事中、事后全过程的控制，并提出公司的管理要以财务会计管理为中心。可以说，加强单位内部管理和经济核算，对单位内部会计监管提出了新的要求。同时，会计工作的加强和单位内部会计监管又促进了单位的内部管理和经济核算。

（二）会计法规制度的完善，为单位内部会计监管提供了依据

首先，会计核算制度的改革和完善，使单位内部会计监管有了明确的标准。改革开放以来，我国的会计核算制度经历了行业会计制度的恢复和完善、"两则""两制"改革、建立会计准则体系等艰难的历史过程，目前已基本建立了适应社会主义市场经济发展需要、与国际惯例持续趋同的会计准则体系。同时，各基层单位尤其是大型企业，也都在国家统一会计制度的基础上制定了适应各自特点的内部会计核算和管理制度。这些法规制度和单位内部的规章制度，使单位内部会计监管有章可循。

其次，会计工作制度等规定明确了单位内部会计监管的对象范围。为了加强会计基础工作，提高会计管理水平，财政部于1984年4月发布了《会计人员工作规则》（已失效），从岗位责任制、使用会计科目、填制会计凭证、登记会计账簿、编制会计报表、管理会计档案、办理会计交接等方面，对会计工作和会计人员的行为做出了规范。1996年6月，财政部发布了《会计基础工作规范》，在修订完善《会计人员工作规则》（已失效）相关内容的基础上，专门增加了"会计监督"一章，明确了单位内部会计监督的主体、对象和依据等，并对原始凭证审核和监督、会计账簿和财务报告的监督、财产物资的监督、财务

收支的监督等内容做出了明确规定。同时，对如何保证内部会计监督的有效开展提出了要求。1996年4月，中华人民共和国中央人民政府（即中国国务院，以下简称"国务院"）发布了《国务院关于整顿会计工作秩序进一步提高会计工作质量的通知》，明确提出要加强监督检查，建立健全会计监督体系，加强单位内部会计监督。各行政、企事业单位和社会团体均应严格按照《会计法》的规定开展会计工作。单位领导人要切实履行《会计法》赋予的职责，督促会计部门加强规章制度建设和基础管理，健全内部会计监督，使之成为单位自我约束机制的重要组成部分。会计机构、会计人员要依法行使职权，认真进行会计核算，严格会计监督，为加强经济管理、提高经济效益服务。1996年6月，财政部发布了《关于会计基础工作规范化的意见》，进一步对加强单位内部会计监督提出了明确和具体的要求。这些法规文件不仅明确了单位内部会计监管的相关问题，也有力地促进了单位内部会计监管工作的开展。

最后，《会计法》等法规的颁布和修订，确立了单位内部会计监管的法律地位。

1978年9月，国务院发布了《会计人员职权条例》（1990年废止），明确规定要通过财务会计工作，正确反映和监督经济活动，管好各项资金，增强资金使用效果，保护国家财产，维护财经纪律，促进增产节约，增收节支，为发展社会主义事业服务。并明确了会计人员的职责权限，以充分发挥会计人员在经济核算、会计管理和内部会计监管中的职能作用。1990年12月31日，国务院发布了《总会计师条例》，明确规定总会计师要组织领导本单位的财务管理、成本管理、预算管理、会计核算和会计监督等方面的工作，参与本单位重要经济问题的分析和决策。并对总会计师的职责权限做了具体规定，这些规定为总会计师组织领导单位内部会计监管工作提供了法律依据。《中华人民共和国会计法》（以下简称《会计法》）于1985年1月21日第六届全国人民代表大会常务委员会第九次会议审议通过，并于1993年12月29日第八届全国人民代表大会常务委员会第五次会议次修正，于1999年10月31日第九届全国人民代表大会常务委员会第十二次会议修订。《会计法》明确规定会计机构、会计人员依照本法规定进行会计核算，实行会计监督，并单设"会计监督"一章，对单位内部会计监督提出了明确要求。

（三）会计信息化的快速发展，为单位内部会计监管提供技术支撑

20世纪80年代末以来，会计电算化开始出现并迅速发展。从应用范围上，最初主要是在工资、材料等个别会计核算事项中运用计算机，后来逐步发展到会计核算业务全面实现电算化。从技术条件上，随着网络技术的发展，由单机应用转向网络应用；从应用范围上，由财务会计业务向其他业务延伸，使会计电算化与企业管理电算化不断融合。尤其是近些年，随着互联网技术的迅猛发展，会计信息化更是突飞猛进，许多单位不仅实现了会计核算与管理的信息化，还逐步实现了企业层面的集中核算，比如中国石油天然气集团公司通过单位内部的会计信息系统，实现了对下属单位的会计集中统一核算，为公司内部加强对所属单位的会计监管提供了便利。可以说，会计电算化的普及应用和会计信息化水平的不断提高，不但促进了会计核算效率和会计信息质量的提高，而且对加强单位内部会计监管特别是大型企业加强其对下属企业的监管提供了技术支撑。

（四）现代企业制度的确立和完善，为单位内部会计监管提供了新的内容和形式

随着市场经济的建立和不断完善，以公司制为代表的现代企业制度在我国逐步建立，公司治理结构的不断完善，使内部会计监管进一步加强。比如，公司制企业的董事会中设有专门的内部控制委员会或审计委员会，其他非公司制的企业以及行政事业单位中设置的审计部门等。这些机构通过听取经营管理层的工作报告、审阅财务会计报表、单位内部审计工作等方式履行内部会计监管的职责。20世纪90年代以来，一些大型企业中实行的"会计委派制"是单位内部会计监管的一种新形式。其委派形式主要有两种，一是由总公司（或企业总部等）向下属分子公司派出会计机构负责人（财务总监等）或会计人员；二是由企业向项目单位派出财务负责人或会计人员。企业通过这种委派会计负责人或会计人员的方式，加强对下属单位或项目的内部会计监管。

这一时期，单位内部会计监管工作体现出以下特点：随着经济工作的加强和会计工作的全面恢复、改革和发展，社会对内部会计监管的认识不断提高，

其职能作用也逐步得到有效发挥；内部会计监管的法规制度逐步完善，为其职能作用的发挥提供了保证；随着现代企业制度的建立以及公司治理机制的确立，内部会计监管职能的发挥也更为充分，我国对企业的会计监管已进入全面化、系统化。

第二节　注册会计师行业监管的历史演进

注册会计师审计起源于 16 世纪的意大利，形成于英国股份制企业制度，发展和完善于美国发达的资本市场，它是伴随着市场经济的发展产生和发展起来的，是市场经济条件下制度演变的理性选择和必然结果。我国的注册会计师行业产生于 20 世纪初。新中国成立以来，我国的注册会计师行业经历了不同寻常的发展历程。在不同的发展阶段，注册会计师通过审计监督的独特方式履行社会会计监管的职责，在不同发展阶段发挥的会计监管作用也各不相同。

一、注册会计师行业初期发展阶段

本书所说的我国注册会计师行业初期发展阶段是指新中国成立初期至 1956 年这段时间。新中国成立初期，国民经济中多种经济成分并存，客观上需要注册会计师行业发挥作用。政务院财政经济委员会于 1951 年 10 月专门就注册会计师的资格、执业范围、执业要求以及职业责任等问题做了原则性规定。当时，注册会计师除了为非公有制企业提供审计鉴证服务外，也为新兴的人民政权的经济工作提供帮助，为争取国家财政经济状况的好转做出了突出贡献。1956 年末，随着计划经济的实行，注册会计师失去了服务对象，注册会计师行业也随之退出了历史舞台。

从新中国成立初期我国注册会计师行业的发展情况看，注册会计师主要服务于非公有制企业，通过提供审计鉴证服务来履行与其职责相应的社会会计监管职能。同时，注册会计师也在国民经济恢复和维护市场秩序等方面发挥了独特的作用。

二、注册会计师行业恢复重建阶段

1980 年至 1991 年，是我国注册会计师行业恢复重建阶段。改革开放初期，为迅速恢复和发展国民经济，急需引进外资，参与国内经济建设，"三资"（中外合资、中外合作、外商独资）企业纷纷涌现。按照国际惯例，建立独立审计制度，由注册会计师为三资企业提供验资、查账和清算等审计服务，成为改善投资环境、吸引外资的必要条件。财政部也公布了相关实施细则，对相关企业的经济活动及会计行为加以监管，如 1980 年颁布的《中华人民共和国中外合资经营企业所得税法实施细则》（已废止）规定，合营企业在纳税年度内无论盈利或亏损，都应当按规定期限向当地税务机关报送所得税申报表和会计决算报表，并附送在中华人民共和国注册登记的公证会计师的查账报告。这一规定为恢复我国注册会计师制度提供了法律依据。在此基础上，1980 年 12 月财政部又颁发了《关于成立会计顾问处的暂行规定》。这些法律法规的陆续出台，标志着我国注册会计师行业开始恢复。

1980 年 9 月 1 日，甘肃会计顾问处成立；1981 年 1 月 1 日，上海会计师事务所成立，这是我国成立最早的两家会计师事务所。此后，北京、深圳、广州等地陆续成立会计师事务所。在这段时间内，出台的规范会计师事务所的制度规定也很多，如《中华人民共和国注册会计师条例》（已废止）和《会计师事务所管理暂行办法》（已废止）等。至此，中国注册会计师行业基本完成了恢复重建工作。至 1991 年，全国会计师事务所已有四百多家，被批准执业的注册会计师有近七千人。

这一时期，我国注册会计师行业的发展及其社会会计监管职能的履行具有以下特点。

其一，注册会计师行业的相关法律法规尚不完备，政府对行业的监管以及行业自律管理刚刚起步，社会各方面对注册会计师行业的性质以及注册会计师行业的社会会计监管职能作用的认识还有待提高。

其二，会计师事务所数量有限，注册会计师人数较少，主要通过考核的方式选拔注册会计师，尚未建立起科学合理的注册会计师人才选拔和认证制度，注册会计师的业务素质不高等影响了注册会计师行业的社会会计监管职能作用的有效发挥。

其三，注册会计师的业务范围主要集中在三资企业的纳税申报、查账、验资、外汇收支报表审查等方面。尽管其对改善当时的投资环境、吸引境外投资发挥了积极的促进作用，但其发挥的社会会计监管职能作用有限。

其四，这一时期的会计师事务所有较强的职能部门的色彩，由上级主管单位发起设立，是挂靠单位下属的一个附属机构。无论是机构性质还是职能作用都带有较为明显的会计师事务所的"官办"背景和政府色彩，注册会计师独立、客观、公正的社会会计监管职能还未能充分体现。

三、注册会计师行业规范发展阶段

1991 年至 1998 年，是我国注册会计师行业规范发展阶段。在这一阶段，我国从人才选拔和注册会计师考试制度两个方面对注册会计师行业加以完善和规范。1991 年 12 月，财政部第一次举办了注册会计师全国统一考试。考试制度为注册会计师专业化、规范化发展以及人才的选拔奠定了坚实的基础。1991 年至 1993 年，中国注册会计师协会（以下简称"中注协"）先后发布了一些执业准则和规范。1994 年，财政部批准成立中国注册会计师协会成立独立审计准则组，着手研究制定中国的独立审计准则，并先后制定颁布了六批共计四十八个准则项目。与此同时，行业立法工作也取得了重大进展和突破。1993 年 10 月 31 日，中华人民共和国第八届全国人民代表大会常务委员会第四次会议通过了《中华人民共和国注册会计师法》，对注册会计师资格的取得，会计师事务所的设立、业务范围、执业准则、法律责任以及注册会计师协会的职责做了规定，全面规范注册会计师行业的建设发展。

这个时期，我国注册会计师行业的发展及其社会会计监管职能的履行有以下特点：

第一，注册会计师行业的法律法规建设取得重大成就，注册会计师社会监管的职能作用得到法律的明确，社会各方面对注册会计师行业的性质以及社会会计监管职能作用的认识明显提高。

第二，注册会计师考试制度的建立为科学、客观、公正地选拔人才提供了保证，注册会计师和会计师事务所数量的大幅增加，为会计师事务所业务的拓展和社会会计监管职能作用的发挥创造了条件。

第三，注册会计师业务范围的不断拓展使其社会会计监管职能作用的发挥更加充分。

第四，独立审计基本准则、职业道德基本准则等执业标准的颁布实施，不仅有助于提高注册会计师的专业水平和执业质量，更好地发挥注册会计师社会会计监管的职能，同时也表明行业自律管理对规范注册会计师行业发展十分重要。

第五，中国注册会计师协会与中国资产评估协会的合并，以及行业清理整顿，既体现了政府对注册会计师行业进行管理的必要性和有效性，也为规范注册会计师行业市场秩序、解决行业发展中存在的突出问题奠定了基础。而市场秩序的规范和执业质量的提高，必将有助于注册会计师社会会计监管职能作用的更好发挥。

四、注册会计师行业体制创新阶段

1998年至2004年，是我国注册会计师行业体制创新阶段。在我国注册会计师行业恢复重建初期，由于特殊的历史原因，会计师事务所大都挂靠于党政机关、企事业单位，作为事业单位管理。在某种程度上，事务所挂靠制度是当时中国注册会计师市场混乱的一个重要因素。而随着证券市场的发展，注册会计师的法律责任逐步增加，挂靠体制导致的执业责任不清等问题愈加突出。1997年起，证券市场出现了一系列危机事件，注册会计师执业质量问题引起了全社会的普遍关注。在这种情况下，改革会计师事务所挂靠体制成为必然选择。在财政部的领导下，1998年底，首批具有证券执业资格的103家会计师事务所完成了脱钩改制。此后的几年内，所有会计师事务所均完成了脱钩改制，会计师事务成为自我约束、自我发展、自主经营、自担风险的市场中介组织。

与此同时，注册会计师行业监管体制的改革也是行业改革与发展的重要内容。

2000年8月，财政部在《关于印发〈财政部各司职责范围暂行规定〉的通知》中，委托中国注册会计师协会行使对注册会计师行业的行政管理职能。在这一阶段，中国注册会计师协会负责审批会计师事务所和注册会计师并监督管理其业务工作；拟订注册会计师执业准则、规则和职业道德守则，并对其执行情况进行监督检查；受财政部委托对注册会计师行业的违法违规行为进行处罚等。随着我国经济体制改革的逐步深化，为适应我国加入世界贸易组织（简称"WTO"）和发展社会主义市场经济的需要，明确政府职能、理顺政府部门和行业自律管理组织的职能和关系被提上日程。特别是美国安然事件的发生和安达信会计师事务所的解体，促使国际范围内对注册会计师行业监管体制进行反思和研究。在这样的背景下，财政部党组会议研究决定，将原委托中国注册会计师协会行使的行政职能收回，由财政部有关职能机构行使。

2002年11月，财政部发布了《关于进一步加强注册会计师行业管理的意见》，明确了财政部门内部相关机构与注册会计师协会之间的职责分工：会计管理机构负有批准设立会计师事务所、对注册会计师的注册情况进行备案等行政职能；监督检查机构负责会计师事务所、注册会计师的监督检查和行政处罚；财政法制机构负责行政处罚事项的听证、行政复议等工作；注册会计师协会则负责行业自律管理。

2003年，财政部发布了《会计师事务所审批和监督暂行办法》，进一步明确了会计师事务所负责的行政审批的具体事项，提出了加强注册会计师行业行政监管的一系列措施。在加强政府部门对注册会计师行业行政监管的同时，注重行业自律管理。在新的体制下，注册会计师行业的行政监管和行业自律管理都得到了加强。财政部门和行业协会逐步构建起包括注册会计师年检制度、上市公司年报监管和注册会计师业务报备制度、谈话提醒制度、事务所执业质量检查制度、惩戒制度等在内的行业监管体系，注册会计师行业诚信建设得到空前的重视。

这一时期，我国注册会计师行业的发展及其社会会计监管职能的履行具有以下特点：

首先，会计师事务所脱钩改制，增强了注册会计师行业的危机感，为注册会计师实现独立、客观、公正的执业目标奠定了重要的体制基础，极大地释放和激活了事务所的活力和注册会计师的积极性，为注册会计师更好地履行社会会计监管职能创造了条件。其次，理顺注册会计师行业行政监管和行业协会自律管理体制，既有利于强化政府部门的行政监管，也有利于加强行业协会的自律管理。政府部门和行业协会密切配合，采取教育和惩戒相结合的方法，帮助会计师事务所提高执业质量；通过建立上市公司年报审计业务报备及分析制度，形成审计事前、事中、事后相结合的审计监管体系，提升上市公司的信息质量。再次，会计造假和审计失败表明诚信缺失和执业质量不高是注册会计师行业存在的突出问题，这些问题不仅会影响注册会计师社会会计监管职能作用的发挥，更会损害了会计注册师行业的社会公信力。最后，通过不断加强整个行业的诚信建设，促使会计注册师行业诚信水平不断提高，使其赢得政府、公众和市场的信赖，为注册会计师行业履行社会会计监管职能创造了更加良好的社会氛围。

五、注册会计师行业快速发展阶段

2005 年至今，是我国注册会计师行业快速发展的阶段。进入 21 世纪以来，我国经济持续快速发展，注册会计师行业也得到了快速的发展。这一时期注册会计师行业的发展主要体现为"四大战略"的实施和促进行业发展等一系列措施的出台，以及整个行业执业质量的普遍提高。

一是以培养国际化人才为重点，全面实施行业人才战略。2005 年，中注协制定并实施了《关于加强行业人才培养工作的指导意见》（以下简称《意见》）。该《意见》对注册会计师行业人才的教育、选拔和培养工作进行了全面规划。

二是以实现国际趋同为目标，深入推进会计准则国际趋同策略。在这一战略目标的指导下，经过多年的努力，2006 年 2 月财政部正式发布了包含一项基本准则、三十八项具体准则在内的《企业会计准则》，建立起一套较全面的会计审计准则体系，基本实现了我国会计审计准则与国际准则的趋同。同时，为了有效实施新会计审计准则，财政部还制定了准则实施指南和细则，保障了新旧准则体系的平稳过渡和新准则在上市公司、大型国有企业、所有会计师事务所的顺利实施。

三是以拓宽事务所业务范围等为契机，大力推进事务所做大做强战略。这是为了满足中国企业走出去的战略目标，为了更好地满足国内大型、特大型企业集团应对日益激烈国际竞争做出的举措。在这一战略目标的指导下，中注协于2007年上半年发布了《中国注册会计师协会关于推动会计师事务所做大做强的意见》和《会计师事务所内部治理指南》，全面启动了我国会计师事务所做大做强的战略。为配合这一战略，中华人民共和国商务部等九部委于2007年12月联合发布《关于支持会计师事务所扩大服务出口的若干意见》，支持有条件的会计师事务所积极"走出去"，树立国际化品牌，服务中国企业"走出去"战略。2009年以来，大型会计师事务所优化、重组、联合的步伐进一步加快，一些会计师事务所通过优化组合、兼并重组、强强联合等途径，实现了跨越式发展，并在我国香港等地建立分支机构，以有效开展国际化审计业务。

四是适应信息技术飞速发展的新形势，全面推进信息化战略。随着现代信息技术的快速发展，信息化与社会生产、人民生活以及各行各业各领域的结合越来越紧密，对加强企业管理、促进经济发展发挥着越来越重要的作用。企业信息化是社会信息化的基础，会计信息化是企业信息化的核心。就注册会计师行业而言，无论是直接服务于企业和社会的审计鉴证工作，还是行业管理工作，都离不开信息化。2011年12月，中注协发布了《中国注册会计师行业信息化建设总体方案》，提出行业信息化建设要始终以国际先进水平为标杆；坚持以行业发展实际需求为导向引领信息化，提升会计师事务所核心竞争力；将业务流程再造与信息建设紧密结合，严格按照行业信息化规范和标准，做好自身的信息化建设。最终实现行业信息化基础设施基本完善，应用体系广泛使用，信息系统互联互通，信息资源充分共享。在政府及有关部门的大力推进和有力指导下，会计师事务所的信息化建设成效显著，一些大中型会计师事务所率先开发、应用涵盖独立性管理、项目管理、作业管理、门户网站等的信息系统，同时中小型会计师事务所也普遍使用审计软件和项目管理软件开展执业活动。

为满足经济社会发展对注册会计师行业的要求，2009年10月3日，国务院办公厅转发了财政部《关于加快发展我国注册会计师行业的若干意见》，深刻阐述了加快发展注册会计师行业的重要意义，明确了发展注册会计师行业的指导思想、基本原则和主要目标，提出要重点扶持大型会计师事务所加快发展，积极促进中型会计师事务所健康发展，科学引导小型会计师事务所规范发展。并对促进注册会计师行业发展的政策扶持和引导力度、人才培养和队伍建设、行政监管和自律约束、诚信建设和内部治理、组织领导等提出了明确的要求。

2010年7月，财政部、国家工商管理总局（国家市场监督管理总局）制定了《关于推动大中型会计师事务所采用特殊普通合伙组织形式的暂行规定》。随后，包括"四大"（指国际四大会计师事务所，即安永华明会计师事务所、毕马威华振会计师事务所、德勤华永会计师事务所和普华永道中天会计师事务所有限公司）在内的大型会计师事务所积极稳妥地推进事务所转制工作。同时，为了促进注册会计师行业健康发展，财政部也进一步加强了注册会计师行业行政监管工作。2009年2月，财政部发布了《关于进一步做好证券资格会计师事务所行政监督工作的通知》；2010年6月，财政部下发了《关于进一步加强注册会计师行业行政监督工作的意见》

这一时期，我国注册会计师行业的发展及其社会会计监管职能的履行有以下特点：

第一，会计准则、审计准则体系的建立和有效实施，不仅规范了注册会计师的执业行为，也大大提高了注册会计师的执业质量，从而使其社会会计监管职能作用得到了更好的发挥。同时，会计审计准则的国际趋同等效，不仅为我国注册会计师行业"走出去"奠定了基础，也为会计审计国际监管合作创造了条件。

第二，狠抓队伍建设和人才培养，不断提高注册会计师的业务素质和执业水平，不仅保证了注册会计师社会会计监管职能作用的有效发挥，同时也为行业储备了后备人才，有利于注册会计师行业的持续稳定健康发展。

第三，注册会计师执业领域和执业范围的拓宽，使其社会会计监管职能作用得到了更广泛、更充分的发挥，也为注册会计师行业做大做强提供了条件。

第四，科学合理的事务所组织形式有助于建立和完善"权责清晰、决策科学、管理严格、和谐发展"的内部治理机制和管理模式，有利于注册会计师行业的发展，不断提升注册会计师社会会计监管的影响。

第五，信息化技术的充分运用和相关信息化平台的搭建，不仅提高了注册会计师审计等工作的效率，使其能够更好地发挥社会会计监管的作用，同时也为注册会计师行业加强行业监管、更好地服务社会提供了便利。

第三节　政府会计监管的历史演进

政府会计监管对我国会计监管体系的建设具有主导作用，这也是我国会计监管工作的特色。新中国成立以来，我国政府会计监管的发展历程大体可分为以下几个阶段。

一、政府会计监管的初期发展阶段

1949 年至 1958 年，是我国政府会计监管的初期发展阶段。新中国成立之初，经济发展落后，企事业单位在经济性质、技术程度、经营管理模式等方面存在较大差异，各地区各单位的会计工作更是存在巨大的差别，中式簿记和西式簿记并存，各项会计原则和具体会计核算制度千差万别。这种状况不利于国民经济的恢复和政府职能的履行。1949 年 12 月，财政部设立了会计制度处，负责全国的会计管理工作。相关机构的设立主要是为了加强对会计工作的组织领导，尽快恢复会计工作的正常秩序。

统一会计核算制度是新中国成立初期和"一五"时期政府会计管理的主要工作。1950 年 3 月，财政部制定颁发了《中央金库条例施行细则（草案）》，首次对金库会计制度做出了原则性的规定；1950 年 3 月，政务院财政经济委员会发出了《关于草拟统一的会计制度的训令》；同年 4 月，财政部成立了"会计制度审议委员会"，审议各部门（先审议了九个部门）拟订了统一会计制度草案并报经财政经济委员会核准施行；1950 年 10 月，财政部召开了全国预算、会计、金库制度会议，会后颁发的《各级人民政府暂行总预算会计制度》和《各级人民政府暂行单位预算会计制度》，为我国政府财政机关和行政、事业单位的会计工作初步建立了一套内容丰富、全面、具体，体系较为完整的统一规范，即统一的预算会计制度。这些会计制度在体现各部门生产、经营、管理和业务特点的同时，保持了内容和结构上的一致，为以后统一会计制度奠定了基础。1953 年，我国又连续制定和颁布了国营工业企业、建设单位、施工、供销、农业、商业、铁路、交通等行业的会计核算制度，从而形成了我国企业会计核算制度按行业分别制定的基本格局，适应了计划经济管理体制的特点。

在统一会计制度的同时，政府部门也加强了对会计工作的管理，明确了会计工作的重要性以及会计人员的权利、义务、责任与会计统一问题，明确了各级财政部门总会计之间、各级总会计与所属单位会计之间的关系，明确了会计工作的领导关系，同时提出了会计的监督作用。针对当时会计人员数量少、水平低的情况，财政部和一些地方财政部门及时组织了在职会计人员训练班，为会计工作质量的提高打下了基础。同时，财政部门还开展了会计检查工作，并成立了各级机关的会计检查委员会，以便堵塞监管漏洞，从而开展以财政机关为领导的群众性会计监督检查工作。

这一时期，我国政府会计监管体现出以下特点。

第一，基本确立了以政府为主体的会计监管体制。中华人民共和国财政部会计司（以下简称"财政部会计司"）的设立为这一体制提供了组织保障，相关法规制度的颁布实施为这一体制的实行提供了法律依据。1955 年 1 月，国务院颁布了《国营企业决算报告编送办法》（目前已废止），明确了财政部、各级主管企业机构对各类会计决算报告进行审核、批复的期限。这在实际上起到了明确我国政府部门（财政部门）对企业会计工作管理体制进行监管的作用，促进和加强了政府部门对会计工作的领导。

第二，我国在新中国成立初期就确定了财政部门在政府会计监管工作中的主导地位。1951 年，中央人民政府政务院颁发命令规定，今后所有属于财经系统和非财经系统的企业主管部门之统一会计制度的制定工作和改进会计制度的工作，授权财政部统一主持办理，由该部审定后即公布施行，不必再报委、报部。

第三，政府会计监管工作主要通过制定、颁布和组织实施相关会计制度来实现。在新中国成立初期，财政部会同有关部门，改造了会计体系，统一了全国的会计制度，并通过制定、颁布和实施各种会计管理制度，初步形成了政府会计监管的规范。

第四，新中国成立初期的政府会计监管工作明显地受到了苏联模式的影响。受苏联模式的影响，我国的政府会计监管主要表现在政府从中央到地方，围绕国家预算收支一管到底，监管的手段限于制定、颁布和实施各种会计管理制度。

二、政府会计监管的恢复调整阶段

从 1978 年至 1992 年，政府会计监管逐步恢复，并进行了分阶段的逐步推进调整。

第一，初步建立政府会计监管组织体系。1979 年 1 月，财政部恢复了会计司，1982 年又将其更名为"会计事务管理司"，负责组织、管理和监督全国的会计工作。其主要职责有十项，比如主管全国会计工作，了解、检查会计工作情况，总结交流会计工作经验，研究和拟订改进会计工作的措施。20 世纪 80 年代中期，各省、自治区、直辖市的财政厅（局）和地（市、州）、县（市、盟）的财政部门也陆续设立了会计工作管理机构。同时，各部门也陆续恢复或设立了财务会计管理机构。1983 年 9 月，中华人民共和国审计署成立，主管全国的审计工作。1992 年 10 月，证监会成立，加强了对资本市场的会计监管工作。由此，形成了以财政机关为主体、各级主管部门分别负责的会计工作管理体系，有效规范和监督了企事业单位的会计工作。

第二，初步形成会计法规制度体系。从 1978 年起，财政部加快了会计制度的建设工作，陆续制定并颁布、批准了各个行业的企业会计制度和预算会计制度。至 1984 年底，一个覆盖所有行业企业、事业单位的会计制度体系基本建立，这是我国企业会计制度建设一个极为重要的历史时期，形成了独具特色的企业会计制度和预算会计制度体系。值得一提的是，为了满足我国对外开放、引进外资的需要，创造良好的投资环境，财政部从 1979 年起便着手研究起草外商投资企业会计制度。1983 年 3 月，财政部发布了《中外合资经营企业会计制度（试行草案）》；1985 年 3 月，正式发布了《中华人民共和国中外合资经营企业会计制度》（已废止）。这是我国学习市场经济会计模式、借鉴国际会计经验的重要尝试，为以后的会计制度改革奠定了基础。同时，财政部加快启动会计法立法工作，经过五年的广泛深入的调查研究、讨论修改，于 1985 年 5 月 1 日开始实施《中华人民共和国会计法》，第一次以国家法律的形式，对我国会计工作的管理部门和管理权限做了明确规定。《会计法》为政府会计监管工作提供了法律依据，标志着我国政府会计监管体制初步形成。

第三，政府部门加强了对会计工作的管理。为了加强会计基础工作，建立科学的会计工作秩序，提高会计工作水平，财政部于1984年4月颁布了《会计人员工作规则》（已失效），共设总则、建立岗位责任制、使用会计科目、填制会计凭证、登记会计账簿、编制会计报表、管理会计档案、办理会计交接和附则共九个部分，规范了会计人员操作会计业务的行为和职责。1984年6月，财政部、国家档案局（全称为"中华人民共和国国家档案局"）联合发布了《会计档案管理办法》，规范了会计档案的管理工作；1988年6月，财政部印发了《会计工作达标升级试行办法》（已废止），并制定了会计工作达标升级考核标准，随后各级财政部门组织了企事业单位的会计工作达标升级考核工作，促使各个基层单位不断加强会计基础工作，提高会计工作水平；为满足计算机在会计核算中的应用和迅速发展的需要，保证会计软件达到一定的标准和要求，财政部于1989年颁布了《会计核算软件管理的几项规定（试行）》。

第四，会计人员管理体制经过改革进入新的发展阶段。为了重振会计队伍，迅速恢复会计工作的正常秩序，国务院在总结《会计人员职权试行条例》（1962年11月，国务院全体会议第122次会议通过）的基础上，于1978年9月修订并颁布了《会计人员职权条例》（已失效），明确了会计人员的职责权限，保证会计人员依法履行职责，这一条例为政府对会计人员进行统一管理提供了重要依据。为了调动会计人员的积极性，公正地评价和使用会计人才，1981年3月，国务院批转了《会计干部技术职称暂行规定》；1986年4月，中央职称改革工作领导小组转发财政部制定的《会计专业职务试行条例》，对会计职务实行聘任制。为了加强对会计人员任职条件的管理和健全我国的总会计师制度，1990年3月，财政部发布了《会计证管理办法（试行）》；1990年12月国务院发布了《总会计师条例》。为了加强对会计人员的培训教育工作，不断提高会计人员的业务素质和工作水平，1981年2月，财政部印发了《关于加强会计人员培训工作的几点意见》。相关法规制度的颁布实施和政府会计管理工作的加强，有效地保障了会计人员依法履行职责，极大地调动了广大会计工作者的积极性，促进了会计工作水平的提高。

第五，在政府部门主导下恢复建立注册会计师制度。1980年12月财政部发布《关于成立会计顾问处的暂行规定》,文件中的"会计顾问处"即会计师事务所。会计顾问处成立时,应报经省、自治区、直辖市财政厅、局审查批准,平时应受其监督。1980 年之后,经财政部门批准,上海、北京、深圳、广州等地陆续成立了一批会计师事务所。随后,经财政部批准,普华永道、安永华明等十家国际会计公司在北京、上海等地共设立十四个代表处。1986 年 7 月,国务院颁布了《中华人民共和国注册会计师条例》,同年 10 月 29 日,财政部发布《会计师事务所管理暂行管理办法》(1997 年失效);1989 年 2 月,财政部正式发文批准中国注册会计师协会成立;1991 年,财政部成立注册会计师全国考试工作委员会。

这一时期,我国政府会计监管显示出以下特点:

一是通过立法确定政府会计监管的主导地位。《会计法》《会计专业职务试行条例》《总会计师条例》《中华人民共和国注册会计师条例》等法律法规明确了财政部对会计工作和注册会计师行业进行行政监管的职责权限,保证政府会计监管工作有法可依。

二是政府会计监管工作的范围大大拓宽。除了传统的会计法规制度管理外,政府部门还加大了对会计工作(如会计基础工作达标升级、会计电算化、会计档案保管等等)和会计人员(如会计专业技术职务、总会计师设置、会计人员表彰奖励等)的监管,同时建立了政府部门对注册会计师行业的行政监管体制。

三是政府会计监管的手段大大丰富。除了通过制定法律法规制度来管理会计工作和会计人员外,政府部门还通过行政审批、监督检查等行政手段,以及表彰奖励等经济和其他手段加强政府对会计工作的监管,取得了明显的成效。

四是政府会计监管的计划经济色彩浓重。由于这一阶段的经济建设和发展没有完全脱离计划经济的模式,政府会计监管工作也是在计划经济的模式下进行的,在一些方面对会计工作监管得过多过细。政府部门直接经办会计师事务所,导致政企不分、责任不清,使注册会计师独立行使社会会计监管职能时受到限制。但这些问题也成为注册会计师行业以后进行脱钩改制等改革创新的一个重要原因。

三、政府会计监管的改革创新阶段

从 1992 年至 2001 年，是我国政府会计监管的改革创新阶段。1992 年 10 月，中国共产党第十四次全国代表大会召开，将建立社会主义市场经济体制确立为我国经济体制改革的目标。在这之后，为适应改革需要，财政部进行了一系列会计改革和创新，并取得了实质性进步，得到了全世界的关注。其成果可归纳为以下几点。

第一，建立了适应社会主义市场经济发展需求的会计法律法规体系。根据我国市场经济快速发展的需要，全国人民代表大会（以下简称"全国人大"）分别于 1993 年和 1999 年对《会计法》进行了两次较大的修订，将规范会计行为、保证会计资料质量作为会计监督工作的中心任务；同时也明确了单位负责人的会计责任，强化了内部控制制度，提出了会计职业的道德要求。

第二，建立了较为完善的会计标准体系。为规范会计工作，使之更加适应中国特色社会主义市场经济的发展，财政部于 1992 年颁布了《企业会计准则》和《企业财务通则》，实现了会计监管模式从计划经济向市场经济的转换；根据《企业会计准则》的要求，结合各行业的生产经营活动的特点，制定了全国统一的行业会计制度和行业财务制度，形成了比较完整的企业会计核算制度体系；于 1997 年制定并发布了《企业会计准则—关联方关系及其交易的披露》等十三个具体会计准则，初步建立了我国企业会计准则的基本架构。同时，为配合新税制和外汇管理体制改革，财政部于 1993 年 12 月至 1994 年 2 月，先后制定并实施了《关于增值税会计处理的规定》等新税制会计处理办法和《关于外汇管理体制改革后企业外币业务会计处理的规定》等会计处理规定。在进行企业会计制度改革的同时，对预算（政府和非营利组织）会计也按市场经济的要求进行了改革。1997 年至 1998 年，先后颁发了《事业单位会计准则（试行）》《事业单位会计制度》《财政总预算会计制度》和《行政单位会计制度》（已废止）等，这些制度的实施基本适应了当时经济改革的要求。

第三，会计工作管理和会计人员管理进一步得到加强。为满足经济体制和会计改革的需要，1996 年 1 月，财政部在总结 1991 年发布的《会计改革纲要（试行）》的基础上，颁布并实施了《会计改革与发展纲要》，明确提出了我国会计改革的两项总体目标：建立适应社会主义市场经济发展要求的会计体系；提出在会计事务的宏观管理中，逐步实现以会计法规为主体，法律、行政、经济手段并用，有利于改善和加强宏观调控，同时可以发挥地方、部门、基层核算单位积极性和创造性的管理体制。为了推动会计电算化工作的规范发展，1994年，财政部发布了《会计核算软件基本功能规范》，并采取了一系列措施推动发展通用化的会计软件；为了加强单位内部会计监督工作，财政部还启动了内部会计控制规范的研究制定工作，相继发布了《内部会计控制规范—基本规范（试行）》和货币资金、采购与付款等六项单位内部会计控制的具体规范，为各单位建立健全内部控制体系、加强内部会计监管发挥了其应有的作用；在会计人员管理方面，财政部在总结会计证管理制度经验的基础上，按照会计法的要求，于 2000 年 5 月发布了《会计从业资格管理办法》，对会计人员的从业资格认定等做出了明确规定。在会计技术职称管理方面，1992 年 3 月，财政部、人事部联合颁发了《会计专业技术资格考试暂行规定》，对会计专业职务评聘制度进行了重大改革。

第四，完善会计监督体系，探索新的会计监督机制。针对 20 世纪 90 年代初会计工作秩序混乱、会计信息失真严重的问题，1995 年 10 月，财政部召开了第四次全国会计工作会议，讨论、研究了建立适应社会主义市场经济要求的会计模式的有关问题。为了加强对国有大型企业财务会计的监督，国务院于 1998 年 5 月决定对国有大型企业实行稽查特派员制度；1998 年 7 月，国务院发布《稽查特派员条例》，向 500 家国有大中型企业派驻稽查特派员。稽查特派员由国务院任命，履行财务会计监督职责，不参与企业的生产经营决策和管理。此后，各地也相继建立了省级稽查特派员制度。为了切实履行《会计法》赋予财政部门的会计监管职责，1994 年，财政部恢复成立了专门的监督机构—财政监督司（财政部财政税收财务大检查办公室，后更名为"监督检查局"），其重要职责是监督和检查财务会计法规制度的执行情况。与此同时，地方各级财政部门也进一步充实了会计监督专门力量。财政部从 1999 年开始建立会计信息检查制度，由财政部及其驻各财政监察专员办事处直接对企事业单位的会计信息质量进行检查。1998 年初，中国共产党中央纪律检查委员会（以下简称"中纪委"）第二次全体会议号召，在国有企业和国有控股企业进行会计人员委派制试点，目的是强化出资人对经营者的会计监督。

第五，加强对注册会计师行业的行政监管。1993 年 10 月，《注册会计师法》经第八届全国人民代表大会常务委员会第四次会议审议通过，明确了省级以上财政部门依法对注册会计师、会计师事务所和注册会计师协会进行监督、指导的规定，并规定了财政部门的职责权限。

这个时期，政府会计监管的几个特点如下：第一，在依法加强政府会计监管的同时注重转变政府会计监管职能；第二，注重探索多渠道开展政府会计监管；第三，政府会计监管的重点开始向会计信息质量监管转移。

四、政府会计监管的发展完善阶段

政府会计监管的发展完善阶段指 2002 年至今。2001 年，中国正式加入WTO，为我国改革开放和社会经济发展注入了新的活力，也加快了中国会计改革的步伐。

2002 年 10 月，财政部决定依法理顺注册会计师行业的管理体制，将原委托中国注册会计师协会行使的对注册会计师行业进行监管的行政职能归财政部门行使。财政部又于 2002 年 11 月印发了《财政部关于进一步加强注册会计师行业管理的意见》，明确规定了以下两点重要内容：第一，行政职能收归财政部行使，强化财政部门对注册会计师行业的行政监管；第二，注册会计师协会作为行业组织应侧重行业自律监管和为注册会计师提供服务。在注册会计师行业管理体制理顺后，财政部门采取了一系列有力措施加强行业行政监管，于 2005 年印发了《会计师事务所审批和监督暂行办法》等一系列部门规章，加强与有关部门的沟通协调，改善了注册会计师执业环境，促进了注册会计师行业管理日益走上规范化、法制化、现代化道路。

从落脚点来讲，这一阶段政府会计监管的主要内容是强化监督力度，进一步加强会计人员管理。为适应会计工作快速发展对会计人才特别是高级会计人才需求日益扩大的新形势，财政部门加强了对会计人才的培养和选拔工作。2003 年开始，财政部、人事部决定对高级会计师资格试行考试与评审相结合的制度；2005 年，财政部正式启动了"会计领军人才培养工程"。2005 年，财政部颁布《关于评选表彰全国杰出会计工作者的通知》，成立了评选表彰领导小组和评审委员会，经过层层推选和网上公示、投票等多个环节，最终评选出二十名全国杰出会计工作者和二十五名全国优秀会计工作者。此后，组织全国会计先进工作者的评选表彰工作成为财政部的常规性工作。

财政部门在发挥政府会计监管主导作用的同时，也注意加强与审计部门、税务部门、证券监管、国有资产监管等部门的沟通、协调与合作，采取事先沟通检查名单、事中交流检查情况、事后通报检查结果等方式，形成政府会计监管的合力。

从提高管理与监管效率方面考虑，这一阶段政府会计监管的主要内容是推动会计信息化的改革与发展。迅猛发展的信息技术不仅对会计工作产生了深远影响，也对政府会计监管工作提出了挑战。为了促进会计信息化的发展，2008年11月，财政部会同工业和信息化部等九部委共同成立了会计信息化委员会，旨在建立投资者、监管部门、中介机构和社会公众能够方便高效地利用信息的综合信息平台，并形成一套以 XBRL（即可扩展商业报告语言）国家分类标准为重要组成部分、同时涵盖会计工作相关业务流程的会计信息技术标准体系。

从推进监管改革出发，政府部门更加重视会计监管工作。比如，财政部于 2003 年对会计准则委员会进行了改组，委员由财政部聘任，既增强了社会各界对制定准则的支持力度和参与的积极性，又提高了会计准则制定的质量和效率。在社会各界的努力下，财政部又于 2005 年底正式确定了由一项基本准则、三十八项具体准则组成的新的企业会计准则体系，并 2006 年 5 月正式发布。同时，经财政部批准，中注协发布了四十八项注册会计师审计准则，并实现了与国际审计准则的趋同。

制定和发布单位内部控制标准体系，加强单位内部会计监管工作是各国就加强会计监管工作的又一共识。我国也在实施内部会计控制的基础上，推动会计控制向全面风险控制发展。2006 年 7 月，财政部、证监会、国资委（国务院国有资产监督管理委员会）、审计署（中华人民共和国审计署）、银监会（原中国银行业监督管理委员会）、保监会（原中国保险监督管理委员会）①联合成立了企业内部控制标准委员会。2008 年 6 月，财政部等九个部门召开发布会，联合发布了《企业内部控制基本规范》，后来财政部又陆续发布了包括内部控制应用指引、评价指引和鉴证指引在内的三类配套指引，形成了具有中国特色又与国际惯例相协调的内部控制体系。

---

①2018 年 4 月，银监会（原中国银行业监督管理委员会）与保监会（原中国保险监督管理委员会）合并为"中国银行保险监督管理委员会"，简称"银保监会"。

2010 年，财政部发布《权责发生制政府综合财务报告试编办法》，并于 2011 年在十一个省市开展试编工作；2012 年，财政部印发《行政事业单位内部控制规范（试行）》；2014 年，国务院批准财政部发布《权责发生制政府综合财务报告制度改革方案》，明确了政府会计改革的目标和总体部署；2015 年，财政部成立政府会计准则委员会，作为政府会计制度的协调机构；2015 年 10 月，《财政总预算会计制度》《政府会计基本准则》出台；2021 年 11 月，财政部印发《会计改革与发展"十四五"规划纲要》（以下简称《规划纲要》），明确提出"修订完善内部控制规范体系，加强内部控制规范实施的政策指导和监督检查，强化上市公司、国有企业、行政事业单位建立并有效实施内部控制的责任"的改革任务，为做好当前和今后一段时期内部控制规范建设与实施工作指明了方向，提供了根本遵循。

经济全球化时代，我国在完善政府会计监管的同时，也在积极开展国际层面的政府会计监管协调与合作。2011 年 1 月实现了会计审计监管等效，促进了国际会计监管合作。这个阶段，政府会计监管改革的共识是持续推进改革目标的实现并集聚改革的合力，加强和改善政府会计监管。会计监管是政府履行宏观调控和社会管理职能的重要表现，有效的政府会计监管有利于维护市场经济秩序，有利于保护国家、投资者及社会各方的利益，有利于促进注册会计师行业的健康发展，有利于企事业单位加强和改进经营管理。会计准则体系、注册会计师审计准则体系、内部控制规范体系的建立，为政府会计监管提供了较为完备的标准依据，相关法规制度的完善也使单位内部会计监管和注册会计师社会会计监管更加有法可依，有章可循；政府会计监管更加注重与国际惯例的协调和国际合作。会计、审计、内控等标准体系的制定充分贯彻了与国际惯例趋同的原则，注册会计师行业监管体制的调整也适应了国际上强化注册会计师行业监管独立性这一发展趋势。

第三章　会计监管体系研究——以"三位一体"监管体系为例

第一节　会计监管体系的构建原理

　　根据系统理论，系统是指由若干相互联系、相互作用的部分组成，在一定环境中具有特定功能的有机整体。体系则是指由若干有关事物或某些意识相互联系而构成的一个有特定功能的有机整体。一个体系应当具有整体性、集合性、层次性和相关性的特征。从这一角度来看，会计监管体系是包括会计监管目标、会计监管主体、会计监管客体、会计监管原则和会计监管手段等诸要素在内的有机统一的整体。目前，我国已经形成了比较全面的"三位一体"会计监管体系。在详细介绍这一体系之前，我们首先要从理论分析、设置原则和组成要素三个方面对该体系的构建原理进行层层递进的论述。理论分析是指将第一章讨论的理论运用到构建会计监管体系的过程中；设置原则是指在理论分析的基础上，提出设置"三位一体"会计监管体系的原则；而组成要素则是指会计监管体系的组成要素。

一、体系构建的理论分析

系统理论的观点告诉我们，世界上的任何事物都可以看作一个系统，系统是普遍存在的。系统作为整体是由要素构成的，系统由多个个体有机组合而成。因此，系统的作用大于各要素功能的简单相加。系统根据不同的标准，可以有不同的分类，这为我们构建会计监管体系提供了理论基础。我们可以将会计监管体系归为社会系统，同时又可以按监管范围将会计监管体系分宏观系统、微观系统等。这些分类是我们构建不同层级的会计监管体系的重要基础。

本节基于利益相关者理论，将会计监管体系归为社会系统。该系统以企业为核心，围绕经济主体的经济活动与会计行为，存在多个利益相关者。在整个资本市场中，利益相关者包括但不限于供货商、客户、审计师、内部员工、股东、债权人、分析师、机构投资者、政府机构（如税务部门）、中介组织（如注册会计师协会等）。作为理性经济人的利益相关者，都会以自身效用最大化为原则做出经济决策和行为，其效用函数并不一致。

前文讨论的理论说明，资本市场存在信息不对称、产权不明晰、市场失灵等问题，导致企业无法满足所有利益相关者的要求。由于会计结果及会计信息具有某种公共产品的属性，以及利益相关者的需求不同，企业在披露会计信息时并不能照顾到所有人的利益，最终导致会计信息披露的数量不足或质量较低。即使企业管理层按照一定的制度和规则进行会计信息披露，但利益相关者由于看法和观点有差异，在解读会计信息时仍会对会计信息的质量产生不同看法。而根据系统论观点，所有利益相关者都从属于整个资本市场体系，可以形成一个相互关联、相互作用的有机系统，通过构建逻辑一致、相互关联的监管体系，才能在一定程度上遏制不利因素的影响，形成有效的整体系统。因此，会计监管体系正是在考虑利益相关者的效用和行为的基础上，构建的以遏制市场失灵和无效、促进经济有效运行为目的的有机系统。

二、体系构建的原则说明

基于上述理论分析和概念讨论，为了更好地构建适合我国国情的会计监管体系，需要有一些重要的原则作为构建前提。遵循这些原则有助于各会计监管主体正确认识体系框架的合理性和科学性。

（一）以依法监管为前提

依法治国是我国的基本国策。任何监管都要通过一定的法律法规进行规范，无论是单位内部会计监管、注册会计师社会会计监管，还是政府部门行政监管，都必须严格遵循依法监管的原则。依法监管的原则要求我们在相关会计法律法规及规章制度中，明确监管的目标、各监管主体的法律地位和职能权限。因此，在构建会计监管模式时，一方面要加强法治建设，形成系统、完善的会计监管法律体系；另一方面要做到严格按法律办事，有法必依、执法必严，保证法律监管的公平。

（二）以政府监管为主导

政府监管是指政府部门从宏观角度，利用法律、行政和经济手段对整体经济、政治活动进行管理和调节。更重要的是，以政府监管为主导是我国特殊国情和制度背景的需要。第一，我国仍处于并将长期处于社会主义初级阶段，应始终坚持以公有制为主体的经济体制，政府监管的核心地位是任何其他组织和机构都无法替代的；其次，我国的市场经济体制还处于不断完善之中，需要政府部门协调各经济体、资本市场参与者的行为，促进市场不断快速发展；最后，我国会计工作人员的专业素养还有待提高，行业自律尚不能满足当前企业会计监管的需要。

（三）以单位内部监管为基础

各企事业单位是会计工作的主体，是会计信息的生成者和提供者。整个社会的会计工作水平的提高有赖于各单位会计工作水平的提高，整个社会会计信息的质量依赖于个体会计信息的质量。因此，单位内部会计监管是整个会计监管体系的基础。"基础不牢，地动山摇。"没有有效的单位内部会计监管，其他外部监管的作用的发挥也会受到影响。

（四）以注册会计师社会会计监管为保障

我国的企事业单位数量庞大，各单位不可避免地存在不认真执行会计法规制度，不按要求提供会计信息，内部会计监管无效，会计造假的情况等。要解决这些问题，必须要有外部监督作为补充或支撑，而政府监管的力量有限，不可能对所有的企事业单位实施监督检查。因此，就需要注册会计师等中介组织发挥其社会会计监管的作用。同时，注册会计师具有专业技术能力强和客观独立的特点，可以运用独立审计等方式、方法对各单位的经济活动和会计行为进行监管，在整个会计监管体系中起着承上启下的作用。

（五）以行业自律为必要形式

注册会计师行业自律是指以行业协会（主要指"中国注册会计师协会"，简称"中注协"）的形式监管注册会计师的行为，但这种监管形式不能独立存在，需要与政府监管相结合，才能实行有效率的会计监管。政府监管指导下的行业自律既能发挥其自身优势，又可以与政府部门的宏观指导有机结合。因此，我国应采取以政府监管为主导、行业自律为辅助的监管模式，该模式能最大限度地对多方博弈的经济环境进行有效监管。

三、监管体系的组成要素

会计监管体系要发挥其特定功能以实现一定的监管目标。会计监管目标分为总体目标和具体目标，前者指维护社会主义市场经济秩序，提高全社会会计工作的水平，实现帕累托最优以及保护投资者及相关各方的利益；后者指提高会计信息的质量，保证会计目标的实现。要实现会计监管的目标，就必须先了解会计监管体系的组成要素，以及各要素之间的联系。

会计监管体系的组成要素主要包括但不限于监管的目标、主体、客体、内容、手段。会计监管主体是会计监管活动的实施者，会计监管的客体是指会计监管的对象和内容，包括企业经营活动的参与者及其会计行为。会计监管的手段是指会计监管的方法、程序、工具的总和，它是连接监管主体和监管客体的媒介。会计监管原则是会计监管活动中应遵循的准则。值得说明的是，会计监管目标能否实现，在一定程度上取决于监管主体的行为是否有效。在整个会计监管体系中，会计监管手段在一定程度上决定了会计监管的效率和效果；监管原则是实施监管活动应遵循的准则，它能保证监管活动顺利、有效实施。前面已经介绍了会计监管的目标、主体、客体、内容、手段以及诸要素之间的内在联系，在此不做赘述。

第二节 "三位一体"会计监管体系研究

前面进行了会计监管体系构建的理论分析，强调该体系是兼顾利益相关者需求的社会系统，能够保证会计信息系统、整个资本市场的有效运行。本节提出的"三位一体"的会计监管体系，正是基于以上观点的一个结果。该体系是内在统一的、试图兼顾各方利益的、以提高经济运行效率为目的的多层次的社会系统。

一、一般性讨论

会计监管是为了保证会计信息质量、维护利益相关者的财产所有权，企业单位负责人和投资者、债权人、政府机构、注册会计师、新闻媒体、社会公众等企业内外部的利益相关者，基于规则对企业的经济活动和会计行为进行监督管理的一项制度安排。该定义与我们论述的内容有相似之处，都强调了会计监管中监管主体、监管客体、监管手段、监管原则和监管目标的重要性。为了实现既定的监管目标，监管主体需要利用一定的监管手段，采用一定的监管方法，对管理客体的相关经济活动、会计行为进行监督和管理。因此，会计监管体系应该通过监管目标、监管主体、监管客体以及监管手段等要素的有机结合来构建。

二、"三位一体"会计监管体系的结构

"三位一体"会计监管体系的构建思路如下：

由于企业的相关利益方较多，既有内部的也有外部的，因此我们构建以企业为核心的会计监管体系时，首先应关注单位内部，然后是中观层面，之后是宏观层面。如前所述，该体系包括单位内部会计监管、注册会计师监管、政府会计监管三种监管方式，三者之间相互联系、相互协调、相互补充、相互制约。其中，单位内部会计监管是指对单位内部的会计行为进行监管，从源头上保障会计信息的可靠性。它通过内部会计监管制度和各级管理团队、会计机构及会计工作相关人员来保证制度的执行力。但内部会计监管是企业自发的行为，主观性较强，因此监管效力相对较低，于是引入外部监管就显得非常有必要。注册会计师进行从事的审计行为，能够对企业的会计信息和报表进行鉴证，这就是注册会计师社会监管的主要内容，可以将其定义为中观监管或社会中介机构的监管。

由于审计行业竞争激烈，存在职业道德缺失、法律保障制度不足等问题，注册会计师可能会与企业串谋而损害报表使用者的利益，因此就需要引入政府监管，对注册会计师的行为进行监督和干预。实际上，政府监管不仅针对注册会计师，也针对企业的经济活动和会计行为。这就意味着，政府监管是从宏观角度对企业及其会计工作，以及整个会计行业进行全方位、立体式、直接和间接并重的监管。因此，通过单位内部监管、注册会计师中观监管和政府宏观监管，可以创造公开、公平、公正的经济环境，以保证相关利益方的利益。

单位内部监管属于微观层次的监管，注册会计师监管属于中观层次的监管，而政府监管属于宏观层次的监管。三个层次的监管工作相结合，可以对市场和会计工作参与者的行为进行全方位、立体式的监督和干预，从而最大限度地实现最终监管目标。

（一）单位内部会计监管

单位内部会计监管是"三位一体"会计监管体系的微观基础，只有从最微观的经济单位入手进行有效的监管，才能从源头上提高会计信息的质量和透明度。内部会计监管主体除了各单位的会计机构和会计人员外，还包括单位领导

层面和治理层面；会计监管的客体分为监管对象和监管内容；单位内部会计监管的对象指会计账簿、会计信息等；会计监管的内容则指单位的经济活动，如购销活动、现金收支活动等。单位内部监管的手段主要为经济手段，同时也要有行政手段和法律手段的配合。

经济手段通过合理的机制激励（如薪酬激励）引导企业工作人员采取合理的经济行为。行政手段包括在单位内部采用人事任免、岗位交流、行政处理等方式，对会计工作相关人员的行为进行监督和干预；法律手段则要求企业会计人员、其他人员的行为必须符合《会计法》和其他法律规章制度的规定。企业的会计工作相关人员做好会计基础工作，是确保会计信息质量的第一道关口，企业要通过单位内部规章制度与内控制度的建立和实施来规范会计工作相关人员的行为。

因此，在明确监管主体、监管客体和监管手段的情况下，建立、健全单位内部会计监督和内部控制制度对内部会计监管有效履行职能十分重要。单位内部会计监督制度一般有以下规定：记账人员与经济业务事务和会计事项的审批人员、经办人员、财务保管人员的职责权限应当明确，并相互制约和相互分离；明确财产清查的范围、期限和程序；明确对会计资料定期进行内部审计的办法和程序；明确重大对外投资、资产处置、资金调度和其他重要经济业务事项的决策和执行的程序，且这些程序之间是相互监督、相互制约的；单位的会计工作人员，对违反《会计法》和国家统一的会计制度规定的会计事项，有权拒绝办理或者按照职权予以纠正。这些监管制可以保证企业会计行为对经济活动和会计事项进行正确、合理的反映，以便生成及时、可靠、相关的会计信息，并向相关利益方提供高质量的会计信息，以便他们做出合理的经济决策。

（二）注册会计师社会审计监管

注册会计师（即注册审计师）能够通过其审计行为，对企业出具的财务报告进行进一步鉴证，以保证会计信息的可靠性、相关性，提高会计信息的质量。就注册会计师审计监管而言，其监管主体是注册会计师，监管客体是被审计单位及其会计行为和会计资料，监管手段主要是按照审计准则等要求，采用专门的审计方法，履行必要的审计程序，对被审计单位遵循法律法规、会计准则、会计制度的情况，以及提供财务报告的真实性、可靠性发表审计意见，履行其作为社会中介的独立、客观的会计监管职能。在单位内部监管的基础上，审计师依据《会计法》、会计准则和会计制度进行的鉴证业务是提高会计信息质量的第二道关口。

（三）政府会计监管

政府会计监管是政府为了保护市场各参与者的利益，促进市场经济的有序发展和运转，通过法律、行政、经济等手段以直接或间接的方式指导和监督经济主体进行会计信息的生产和披露的行为。因此，负责会计监管的政府部门可以直接对企业的会计行为进行监督，也可以通过对注册会计师行业的监管和规范，间接对企业的会计行为进行干预。下面分别讨论政府会计监管的主体、客体、目标和手段。

1. 政府会计监管的主体

政府会计监管的主体应该包括各级政府所属的各个职能机构。《会计法》规定，县级以上地方各级人民政府财政部门是本行政区域内会计工作的主管部门，这说明政府监管的主体是县级以上地方各级人民政府的财政部门。对于政府监管主体的设置，应当在转变监管职能的基础上，充分体现效率原则，避免职责重叠和交叉监管，以提高监管效率。监管主体的明确和职能的合理分工，能够从本质上保证监管效力的发挥。

2. 政府会计监管的客体

政府会计监管的客体需要从对象和内容两个方面分开论述。监管对象，应分为直接监管对象和间接监管对象。其中，直接监管是对企事业单位的会计行为进行监督和管理，间接监管是对注册会计师行业的监督和管理。关于监管内容，在对企事业单位的直接监管中，应对会计凭证、会计账簿、处理会计资料的方法，以及负责生成和提供会计信息的会计人员的会计行为进行监管，同时也要对单位会计工作的责任主体—单位负责人法律规定职责的履行情况进行监管；对注册会计师，主要是从市场进入、执业资格、执业质量等方面进行监管，应结合注册会计师行业协会共同实施监管，通过对注册会计师的独立性、执业能力进行有效监督，保证企业提供及时、真实的会计信息。

政府会计监管客体的落脚点应是以财务报告为载体的会计信息质量，这是"过程控制"思路的集中体现。但"过程控制"的监管成本太高，由于企业经济活动和会计行为的复杂化，完全依赖"过程控制"已无法适应新形势的要求。因此，需要"过程控制"和"结果控制"合理搭配。

3. 政府会计监管的手段

政府会计监管强调法律手段、行政手段和经济手段的有效配合。根据《会计法》《注册会计师法》等法律规定，财政部门可以依法监管各单位的账簿设置情况，检查会计凭证、会计账簿、财务报告和其他会计资料的真实性和完整性；依法对会计从业人员的资质、注册会计师的执业资格进行审核，对会计师事务所的设置进行审批和监督；对有违法、违纪行为的会计人员、注册会计师，政府部门可以通过法律和行政手段对其进行处罚和警告，以实现改善会计信息质量的目标。当然，在某些情况下，利用一定的经济手段来合理引导会计人员、注册会计师提高执业质量，也是必不可少的。比如，对于认真执行《会计法》、忠于职守、坚持原则、做出显著成绩的会计人员，应给予其精神上和物质上的奖励，对认真履行会计监督职责而受到打击报复的会计人员予以保护等。

4. 政府会计监管的目标

政府监管目标是从宏观角度设置的。无论是对企业的直接监管，还是通过注册会计师对企业进行的间接监管，都是为了提高其会计信息的生产和披露的质量，最终为了提高整个社会的会计信息质量和会计工作水平，减少信息不对称，保障各个相关利益方的利益。

虽然单位内部监管和注册会计师监管也能在一定程度有助于实现上述目标，但政府监管目标更直接、更具战略性、更注重长期性。政府监管目标的合理性、科学性更有助于各层级监管目标的实现。

通过上述分析可以看出，单位内部会计监管、注册会计师监管和政府会计监管构成了完整的、立体式的会计监管体系。

三、"三位"会计监管方式之间的关系

"三位一体"的会计监管体系能够为社会经济活动的有效运行提供统一的、全面的监管保障。"三位"包括单位内部会计监管、注册会计师社会审计监管和政府会计监管，"一体"则表明"三位"监管方式不是独立运行的，而是存在内在联系的，从而形成一个完整的有机统一体。

（一）单位内部会计监管是基础

单位内部会计监管是为了保护单位资产的安全、完整，为了提高经营管理水平和效率，而在单位内部采取的一系列制度和方法，其本质上是一种内部控制制度。其意义就在于通过建立行之有效的内部监督控制制度，规范会计工作相关人员的行为，提高会计信息的真实性、可靠性，提高单位经营管理决策的科学性和经济效益，促进单位经营管理目标的实现。

（二）注册会计师监管是保障

注册会计师审计是一种外部监督，具有鉴证性的特点。会计师事务所依法接受委托，对被审计单位的会计报表进行审计并做出客观评价。注册会计师负责对企业经济活动和会计结果进行监督和鉴证，其主要任务是为企业的经济活动提供具有中介性特点的媒介服务，因此注册会计师不是物质产品的直接生产者，而是生产过程、结果客观性或公允性的鉴证者。注册会计师的会计监管作用主要体现在以下几个方面。

第一，注册会计师是会计信息质量的鉴证者。会计信息是企业经营和发展情况的综合体现，可以为投资者、债权人等报表使用者提供决策所需的相关信息，帮助他们做出正确合理的决策。企业经营活动的复杂性，以及一般投资者、债权人专业水平的限制，使会计信息的可靠性和公允性受到了影响。这就需要注册会计师利用其专业能力对财务报告的公允性和客观性进行审计和监督，以更好地为报表使用者提供更高质量的会计信息。

第二，注册会计师是市场经济秩序的重要维护者。注册会计师需要对被审计单位的会计信息和其他经济资料反映的有关经济活动进行鉴证和监督，他们依据法规和一定标准，判断被审计单位的会计报表是否真实、公允地反映企业经营活动，并做出评价和报告。因此，注册会计师的监督质量客观上影响着报表使用者的经济决策和资源配置的效果。从这一角度讲，注册会计师是我国市场经济秩序的重要维护者。

第三，注册会计师是企业提高经营管理水平的重要参谋。注册会计师除提供审计服务外，也为企业提供一般的会计咨询服务，因此可以帮助企业改进会计监管制度、提高资金监管的安全性，最终提高企业的经营效率。注册会计师之所以可以做到这些，是因为其在执行审计业务时，需要对企业的整体经营情况、内部控制制度进行估计和判断，在现场执行审计业务时，又可以利用专业能力更好地了解企业面临的诸多问题，最终通过对这些问题的判断、整理得出结论，为企业管理层提供管理意见书，从而帮助企业提高经营管理水平。

（三）政府会计监管是主导

政府会计监管是指政府部门及其他监管部门代表国家，依据有关法律法规对有关单位的会计行为进行的监督管理，政府会计监管具有权威性、强制性、主导性和再监督的特点。

财政部门的会计监管与其他政府监管部门相比具有更强的广泛性。从监管对象来讲，财政部门的监管覆盖所有单位和整个注册会计师行业；从监管内容来讲，财政部门不仅要监管会计资料和注册会计师出具的审计报告，还要监督会计基础工作、会计人员从业资格和会计师事务所设立、报备情况等。

以政府会计监管为主导是我国经济社会发展的必然结果，也是我国特殊国情和具体环境的需要。首先，社会主义市场经济尚不成熟，市场还不够完善，客观上需要依靠一定行政手段来发挥会计监管的作用，以弥补市场机制的缺陷；其次，我国实行以公有制为主体、多种所有制经济共同发展的经济制度，政府在监管中的主体地位能使其最大限度地保护人民利益不受损害，因此政府在监管中的核心地位是任何其他组织都无法替代的。第三，现阶段会计工作人员的素质仍有待提高，单位内部会计监管职能作用发挥得还不够充分，行业自律不能满足客观环境的需要，注册会计师审计监督工作也需要第三方的再监管。因此，政府部门的最高监管地位是不可动摇的。

第四章 企业会计监管机制研究

第一节 单位内部会计监管机制的优化

一、完善内部治理结构

内部治理结构科学合理对内部会计监管而言至关重要，科学的内部治理结构是有效履行内部会计监管职责的重要条件，对企业来讲更是如此。根据我国目前的法律规定和相关制度，借鉴国际有益的经验，强化治理层面的内部会计监管应着重考虑以下几个方面。

（一）明确各层级在内部会计监管方面的职责

对于决策层、管理层、执行层等不同层级在单位内部会计监管中应当履行的职责，应以内部规章制度的形式予以明确规定。

（二）强化单位负责人的责任主体

单位负责人既是单位内部会计工作的第一责任人，也是内部会计监管的责任主体。以公司制企业来讲，无论公司内部采取何种会计监管模式，董事长均应承担其作为会计监管第一责任人的责任。

（三）完善内部监管体系

按照相互监督、相互制衡和体现独立性的要求，建立和完善内部会计监管体系。对于行政事业单位来讲，会计机构主要通过日常的会计核算和会计管理等工作履行会计监管的职责；内部审计机构主要通过开展日常审计、经济责任审计、离任审计等内部审计工作履行会计监管职责；内部控制机构通过制定和完善内部控制制度、加强内控制度执行情况的监督检查和考核等方式履行会计监管的职责。对于企业来讲，应当根据企业规模的大小和组织形式的不同，建立不同的内部会计监管体系。公司制的企业，无论采用何种内部会计监管模式，均应注重发挥监事会的作用，注重审计的独立性，既设立审计委员会又设立内部审计机构的公司，还应注意两个机构的工作衔接，做到信息共享、节约成本、提高效率；中小企业应当在充分发挥会计机构监管作用的同时，进行必要的独立内部审计；不具备单独设置会计机构的小微企业可以通过实施代理记账等机制进行内部会计监管。

二、完善内部会计管理制度

不同的单位由于经营性质和管理要求的差异，内部会计管理制度的内容也有所不同。就单位内部会计管理制度的共性内容讲，单位内部会计管理制度一般应包括以下几个方面。

（一）内部会计管理体系

这是单位的会计工作组织体系，这一体系应明确单位领导人、总会计师对会计工作的领导职责，确定会计机构的设置及负责人（或者会计主管人员）的职责，明确会计机构与其他职能机构的分工关系，并准确定位单位内部的会计核算形式（也称"会计核算组织程序"）等。

（二）会计人员岗位责任制度

在责任制度中，要确定会计人员的工作岗位以及各个岗位的主要职责、工作标准、人员构成以及具体分工，同时应结合本单位的实际情况，建立适当的会计工作岗位轮换办法和考核办法。

（三）账务处理程序制度

一个单位的会计工作最核心的内容就是账务处理，这关系到会计控制职能作用的有效发挥。提供真实、准确的会计信息的前提是明确原始凭证、记账凭证等会计凭证，会计账簿、报表等会计核算的流程和基本方法，根据国家统一的会计准则和会计制度的规定，确定单位会计科目、会计账簿的设置和使用范围，财务报告的种类和编制要求等。

（四）内部牵制和稽核制度

必要的内部牵制和稽核制度是确保内部会计管理制度得到有效实施的必要手段，要对会计工作各个岗位的职责做出限制性规定，并进行定期检查。同时，在会计机构内部指定专人对会计凭证、会计账簿、会计报表等进行审核、复查。

（五）相关配套制度

会计管理制度的实施离不开相关配套制度，如定额管理、计量验收、财产清查、财务收支审批、成本核算、财务会计分析等一系列制度措施，这些配套制度是会计管理制度的重要组成部分。

三、建立完善的内部控制体系

完善的内部控制体系有助于单位内部会计监管的有效实施。内部控制体系与公司治理情况密不可分，并随着公司治理机制的变化而不断发展。在计划经济体制下，由于经营管理者缺乏自主权，会计人员属于国家工作人员，因此内部控制的目的在于保证会计信息的真实性和国有资产的安全性。在现代企业制度下，公司成为自负盈亏的市场经济主体，内部控制的目的也因此拓展到确保公司政策的贯彻执行和管理目标的实现。内部控制体系可以分为三个层次：一是以所有权为基础的治理层内部控制；二是以经营权为基础的管理层内部控制；三是以财务、会计、内审等管理者为核心的管理者内部控制。建立内部控制体系应遵循以下基本原则。

首先，应当坚持政府指导与企业建设相结合的原则。内部控制体系的建设不仅是单位内部的事情，还具有广泛的社会性。在目前的外部环境下，政府的一项重要职能是通过宏观监控措施督促企业合规经营。2008 年，财政部、证监会等五部委联合发布《企业内部控制基本规范》及相关指引，指导企业建立健全内部控制体系。政府、企业双管齐下，能有效构建内部控制体系。

其次，要做到有步骤、分重点实施。在建立内部控制体系的过程中，单位应对内部结构和外部环境进行深入细致的调查，尤其是经营规模、经营方式、组织体系、机构设置、人员以及经营管理的状况等，并对内外部环境进行科学评估。会计基础工作薄弱、核算混乱、管理不规范的单位，应从定岗定员、明确职责入手，以合规经营为核心建立内部控制制度；已经建立现代企业制度、管理较为规范的单位，应以增强效益性和效率性为核心，健全内部控制体系。

最后，应当坚持预防为主，查处为辅。会计控制实质上是控制主体意志的体现，控制主体通过控制措施将自己的要求、目标传达给被控制者，用以规范和指导被控制者的会计工作。两权分离后，企业的实际控制者由所有者变为经营者，所有者只能通过财务会计信息对经营者实施再控制，两方之间存在的不同利益关系在一定程度上弱化了会计控制的作用。因此，所有者在建立内部控制体系时应当以预防控制为主，以查处控制为辅，将控制环节和关键控制点前置，有效规避经营者违规经营、损害所有者利益的行为。

建立健全内部控制体系，应当做到以下几点。

一是健全机构、厘清权责。健全的管理机构是内部控制机制良好运行的硬件条件，清晰的管理权责则是内部控制机制真正发挥作用的软件条件。在公司制企业中，权力机构（股东大会）、决策机构（董事会）、监督机构（监事会）以及日常管理机构（总经理层）是内部控制机制良好运行的基本组织框架。在实际运作过程中，要避免职务兼容问题，杜绝高层管理人员交叉任职。在组织机构和人员配备方面，要做到董事会和总经理班子分设、董事长和总经理分设，从根源上解决董事会与总经理之间权责不清、制衡力度弱化的问题。

二是明确董事会在内部控制制度框架中的核心地位。董事会在公司治理中处于核心地位，对内部控制体系的建立、完善和有效运行负主要责任，核心地位的明确，有助于其在行使内部控制权的过程中树立领导权威。在建立内部控制体系时，董事会应成立专门的工作机构并明确其职责，切实履行单位内部控制体系的宣传动员、实施以及组织规划职责。建立健全内部控制体系，能够使董事会通过"不丧失控制的授权"来确保法律、制度的贯彻执行，有效实现公司运行和经营的目标，并抑制管理层追求短期利益的行为，解决信息失真、信息不对称等问题。

三是科学定位内部会计监管机构的职责和权力，明确内部控制的基本方向。对内部控制体系的运行情况进行监督是确保其有效运行的前提和条件，而且内部会计监管在履行监督职能方面有独特的优势和手段，通过内部会计监管，可以监督企业经营业务符合内部控制体系的要求，评价内部控制制度的有效性，提出健全内部控制体系的建议。为达到这一目的，应按照单位内部控制的一般要求，制定一套系统的监督检查制度，对内部控制机制的执行和完成情况进行有效监督。

四是及时做好管理资源整合及会计信息系统升级工作，始终保持内部控制机制、体系的先进性。对于现代企业，特别是跨国企业来说，信息传递是一个十分重要的问题，内部控制机制的实施要求企业有与之配套的环境，特别是会计信息系统的升级，只有信息资源相匹配，才能使内部控制机制的实施达到应有的效果，实现既定的目标。因此，要做好企业资源的整合工作，对企业中来自生产部门、销售部门、财务部门、审计部门、企业管理等部门的各类信息源及相应的会计信息系统，应切实地加以整合，做到资源互用、信息共享。

五是提高内部规范和行为准则的约束力。内部控制制度的执行者既包括企业内部的高层管理人员，也包括企业内部的中层管理人员乃至全体员工。其中，基层员工的道德水准和价值观念是影响内部控制环境的重要因素。在实际工作中，要避免在行为规范和行为准则建设中进行空洞的说教，而要根据内部控制结构的要求，针对各个岗位的特点建立具有可操作性的规范和行为准则体系。根据内部控制制度的要求，业务流程中各个环节的任务都应当分配到具体的岗位，以更好地落实内部控制制度。

六是科学制定考评机制，以提升内部控制绩效。为了确保实现内部控制的预期目标,确保检查评价工作的方法和标准一致,减少检查评价工作的随意性,确保企业在年度财务决算中恰当、客观、及时披露内部控制制度的执行情况,并促进各项内部控制制度不断改进、完善和严格执行,企业应该科学、合理地制定与完善内部控制制度的检查考核和评价机制。根据企业的客观实际,实行条块结合、纵向与横向结合的办法,比如在企业年度生产经营责任制中规定内部控制执行率必须达到的目标,并且要做到"严考核""硬兑现"。

各单位在建立内部控制体系时,应采用适当的方法和程序。

首先,应对单位内部结构和外部环境进行深入的调查研究。重点是对单位的经营性质、经营规模、经营方式、组织体系、机构设置、人员、资金、物资、设备、技术信息沟通情况以及经营管理的总体状况,单位所处的外部政治、经济、法律环境等进行调查研究。

其次,要按照系统理论和方法的要求划分单位内部结构,注意把握体系构建的关键点。这些关键点在于:一是行政领导体系,包括行政领导、各个职能部门和分支机构等;二是构成要素体系,包括人、财、物资、设备、技术、信息沟通的所属系统;三是经营体系,包括采购、生产、销售、储存、运输等系统;四是管理体系,包括会计、统计、审计、电子信息和网络监控等系统。

再次,要确定所属系统活动过程中的关键环节,在此基础上选择恰当的控制方法。根据划分好的各个所属控制系统,确定系统运行过程的关键环节,将其作为内部控制要点,同时根据每一个关键环节,即控制要点制定进行内部控制的有效方法和操作规范。在制定相关的控制方法时,应根据不同的环节和控制要点,分别采用不相容职务相互分离控制、授权批准控制、会计系统控制、预算控制、财产保全控制、风险控制、内部报告控制、电子信息技术控制等具体方法。

最后,要形成内部控制制度的文本规定,把内部控制原理贯穿各个环节。具体而言,就是把内部控制的各项原则贯彻、落实到各个有关控制系统的程序、方法和规范中,分别在各有关的内部控制制度中用文字形式予以说明。

四、合理设置会计机构和配备会计人员

会计机构是指各单位办理会计事务的职能机构,会计人员是指直接从事会

计工作的人员。建立健全会计机构，配备数量和素质都相当的、具备从业资格的会计人员，是各单位做好会计工作、强化单位内部会计监管的重要保证。

（一）应当合理设置会计机构

按照《会计法》的要求，各单位可以根据本单位会计业务的繁简情况决定是否单独设置会计机构。从有效发挥会计职能作用的角度看，大、中型企业，实行企业化管理的事业单位，应当设置会计机构；业务较多的行政单位、社会团体和其他组织也应设置会计机构；而规模较小的企业、业务与人员都不多的行政单位等，可以不单独设置会计机构，可以将相关业务并入其他职能部门，或者进行代理记账。但是，无论是否单独设置会计机构，会计工作都必须依法开展，不能因为没有会计机构而对会计工作放任不管。不能单独设置会计机构的单位，应当在有关机构中设置会计人员并指定会计管理人员。"会计主管人员"不同于通常所说的"会计主管""主管会计""主办会计"等，而是指负责组织管理会计事务、行使会计机构负责人职权的负责人。作为中层管理人员，会计主管人员应当行使会计机构负责人的职权，并按照规定程序任免。

需要说明的是，随着我国经济的迅速发展，民营经济、个体经济得到大力发展，许多新兴社会组织也应运而生，这些经济组织的经营规模较小，人员不多，不可能也没有必要设置专门的会计机构或者配备专职的会计人员。这些单位应当按照《会计法》等法规的要求，委托经批准设立的从事会计代理记账业务的中介机构代理记账。委托人与代理记账机构应当签订合同，明确双方的权利和义务。合同应当载明以下主要内容：委托人、受托人应对会计资料的真实性、完整性承担责任；明确会计凭证传递程序和签收手续；编制和提供财务会计报告的要求；会计档案保管的要求；双方终止合同应办理的会计交接事宜等。

（二）配备能够胜任该项工作的相关人员

1.要注意选用具备从业资格的会计人员

会计人员是市场经济活动中的特殊从业人员，在各单位的经营管理活动中发挥着重要的职能作用，不仅要有良好的业务素质，还要有较强的政策观念和职业道德，受法规制度和职业纪律的约束。《会计法》明确规定，从事会计工作的人员，必须取得会计从业资格证书。不具备条件的人员，不能从事会计工作，有关单位也不能聘用这样的人员；不依法履行职责的会计人员，不应当允许其继续从事会计工作。从近年来财政部门的监督检查情况看，一些单位之所以会计工作秩序混乱，会计信息失真，与选用的会计人员不合规定有直接的关系。

2. 要注重会计职业道德，任用德才兼备的会计机构负责人

会计机构负责人是一个单位内具体负责会计工作的中层领导人员。在单位负责人的领导下，会计机构负责人负有组织、管理本单位所有会计工作的责任，其工作水平的高低、质量的好坏，直接关系到整个单位会计工作水平的高低和质量的好坏。如果会计机构负责人的业务素质和工作水平都很高，并有较强的组织领导能力，不但对领导和组织本单位的会计工作十分有利，而且对加强经营管理，强化单位内部会计监管等也十分有益。相反，如果会计机构的负责人选用不当，如会计机构负责人的工作水平、业务素质和组织领导能力不能适应工作要求，不仅会影响本单位会计工作的开展，甚至会给单位带来损失。可以说，会计机构负责人的任用是否得当，对一个单位会计工作的质量，对国家财经政策和法规制度在一个单位的贯彻执行，对广大投资者、债权人等利益相关者合法权益的维护，单位内部会计监管工作的组织开展来说，关系重大。

3. 要按规定配备总会计师

总会计师是在单位负责人的领导下，主管经济核算和财务会计工作的人员，在资产管理和财务会计管理等方面起重要作用。建立健全总会计师制度，对完善企业治理结构、发挥会计职能作用、保护利益相关者的权益、加强单位经营管理等都有明显的效果。因此《会计法》要求，国有的和国有资产占控股地位或者主导地位的大、中型企业必须设置总会计师。当然，相关法律规定并没有限制除国有大、中型企业以外的其他单位设置总会计师，其他单位完全可以根据其业务需要，视情况自行决定是否设置总会计师。从实际情况看，许多外商投资企业、民营企业也设有总会计师。按照《总会计师条例》的规定，总会计师是单位行政领导成员，协助单位主要行政领导人工作，直接对单位主要行政领导人负责。总会计师负责组织领导本单位财务管理、成本管理、预算管理、会计核算和会计监督等方面的工作，参与本单位重要经济问题的分析和决策。为了保障总会计师的职权，《总会计师条例》还规定，凡设置总会计师的单位，在单位行政领导成员中，不设与总会计师职权重叠的副职。《总会计师条例》对总会计师的任职条件、职责权限等都做了明确规定。

4.加强对会计人员的经常性培训教育

随着社会经济的快速发展，知识更新速度也越来越快。经济全球化和会计国际化促使会计准则制度发生了巨大的变化，信息技术的更新换代，给经营管理和会计工作带来了前所未有的机遇和挑战。要不断地改进和加强单位内部会计监管工作，必须有与经济社会形势发展相适应的知识结构和业务水平不断更新、提高的会计人员，这就要求会计人员必须不断加强学习、更新知识。继续教育作为会计人员学习和更新知识的一种有效途径，越来越受到广大会计人员的重视。会计人员应当本着"缺什么学什么、差什么补什么"的原则，积极参加各种不同形式的培训教育，各单位应当为会计人员参加培训教育创造良好的条件，并督促会计人员自觉完成继续教育学习任务，不断改善会计人员的知识结构，提高会计人员的业务水平，从而增强单位内部会计监管工作的有效性。

此外，近年来一些单位（如实行垂直管理的机关事业单位以及大型的企业等）探索、实施了内部会计人员委派制度，即由总公司或总部向下级企业或部门派出总会计师、会计机构负责人以及会计人员，派出人员对委派单位负责，接受其工作领导，工资等经济利益与接受委派的单位脱钩。由于派出人员与其所在工作单位在人事、福利待遇等方面相对独立，便于其履行会计监管的职责，因此该制度不失为强化内部会计监管的一种有效做法，值得我们总结和借鉴。

（三）建立健全会计工作的相关制度

健全有效的会计基础工作制度，不仅是做好会计工作的保障，也是有效开展单位内部会计监管工作的前提和基础。除了前面论述的内部稽核制度、内部牵制制度等内部控制制度外，各单位还应当注意建立并有效执行会计人员回避制度和会计工作交接制度。

就有关检查情况看，在会计人员中实行回避制度是加强单位部门会计监管的有效制度之一。财政部于 1996 年发布的《会计基础工作规范》，对会计人员回避制度也做了明确的规定。可以说，会计人员回避制度在加强单位部门会计监管中有着积极的防范作用。从专业工作的角度看，还要坚持会计工作交接制度。会计人员工作交接是会计工作中的一项重要内容，也是加强单位内部会计监管的必然要求。做好会计工作交接可以使会计工作前后衔接，保证会计工作连续进行，可以防止因会计人员的更换而出现账目不清、财务混乱等现象，也是分清移交人员和接管人员责任的有效措施。会计人员在调动工作或离职时，必须进行会计工作交接。除此之外，会计人员在临时离职或因其他原因暂时不能工作时，也应进行会计工作交接。

五、加强会计职业道德建设

完善的会计标准体系，在会计职业人员有效执行的条件下才有意义；职业道德体系，在高素质的会计人才恪守道德底线的条件下才有价值。《会计基础工作规范》对"会计人员职业道德"做了专门规定，明确提出了会计职业道德的具体条款，实现了在会计制度中使会计职业道德的表现形式单独成文和单独规范的目标；1999 年，《会计法》修订，将会计人员职业道德要求第一次明确写入会计工作的根本大法。加强会计职业道德建设，应重点抓好以下工作。

（一）建立会计职业道德体系

强化道德教育是塑造具有良好道德品质的优秀会计人员的必由之路。要使会计道德教育富有成效，必须建立内容完备的会计职业道德体系。会计职业道德体系包括职业道德基本规范、职业道德评价和惩戒规范等。基本规范是会计职业道德体系的基础和核心，主要规定了会计人员应当遵循的基本内容、要求和方法等。评价和惩戒规范是有效实施会计职业道德基本规范的重要保证，主要明确了对会计人员的职业道德表现进行评估、考核的方法、程序，以及对职业道德失范者进行惩戒的方法和程序等。会计职业道德是社会公民道德体系的有机组成部分，因此既要兼顾社会公德的一般性要求，体现社会主义核心价值观，又要考虑会计这个职业的特有属性与要求。我国现阶段的会计职业道德内容主要有八项：爱岗敬业、诚实守信、廉洁自律、客观公正、坚持准则、提高技能、参与管理和强化服务。

（二）会计职业道德教育与会计职业特点要相适应

与法律不同，道德需要靠专业人员自觉养成，靠社会舆论和内部信念所产生的凝聚力来实现。会计职业作为社会经济活动中的一种特殊职业,其职业道德与其他行业的职业道德相比具有其自身的特征。在对会计人员进行道德教育时,要结合会计职业的特点和社会功能,以循循善诱、启发自觉为主,使会计人员深刻领悟会计这一职业的重要性和社会价值。要注意通过提高内部会计监管人员对自身工作性质和内容的满足感,帮助其树立对监管工作的责任感,避免会计职业道德教育流于形式、流于"说教",将"知"贯穿于"行",让"知"指导"行",使被动接受道德教育变为会计人员自我提升品位的一种自觉行动。

(三)要把握住道德教育的切入点

会计职业道德只有真正内化于心,才能外化于行。单位负责人是单位经济活动的领导与组织者,对单位会计工作和会计资料的真实性、完整性负主要责任,其职业道德水平的高低直接影响会计信息的质量和会计职能的体现。因此强化道德教育,必须以单位负责人为切入点,把单位负责人纳入会计职业道德教育的范围,重点强化其作为会计工作第一责任人的责任意识,为其开展会计工作创造良好的职业环境。同时,要强化对总会计师、会计机构负责人等单位中层管理人员的会计职业道德教育,通过会计工作领导者的率先垂范带动各个单位和整个会计行业职业道德水平的提高。

(四)探索会计职业道德建设的实施机制

地方各级财政部门应当切实履行会计工作主管部门的职责,从市场经济条件下和新时期会计管理工作的要求出发,创造性地开展会计职业道德建设工作。比如,通过举办会计职业道德演讲、论坛、征文等活动,开展丰富多彩的宣传教育活动;通过会计从业资格的管理,建立和完善从业人员的诚信档案;通过精神鼓励和物质奖励相结合的方式,树立会计职业道德的典范等。充分发挥专业社会团体组织的作用,强化会计职业组织的自律机制。在会计学会等职业组织中设立职业道德委员会,专司职业道德规范的制定和惩戒职能,在从业人员中倡导"以诚信为荣、以失信为耻"的职业道德意识,引导会计人员不断提高职业修养。

从以往的实践中我们可以看出,会计诚信和会计职业道德建设还存在许多问题。经济高速发展,会计工作日新月异,如果会计诚信和职业道德的底线得不到敬畏和坚守，那么这种发展和进步就会十分脆弱。我国要走向会计强国，不仅要有物质基础，更要有精神准备，职业道德建设是社会主义精神文明建设的重要组成部分。在今后相当长的一段时间内，我们应当加大会计职业道德建设力度，切实提高会计人员的职业道德水准，从而促进会计监管职能作用的有效发挥。综上所述，应以"科学发展观"为指导思想，走可持续发展道路，从源头上加强对微观经济体—企事业单位的内部监管，不断完善单位内部治理结构、完善单位内部会计管理制度、建立完整的内部控制体系、加强会计职业道德建设，以适应社会经济发展变化的新要求，适应"绿色经济"环境下的新变化，在总结国内外内部会计监管经验教训的基础上，不断提高单位内部会计监管的能力和水平、完善单位内部会计监管体系。

第二节　注册会计师行业监管机制的完善

本节旨在根据我国注册会计师行业监管的现状和存在的问题，提出完善注册会计师行业监管机制的建议。由于这些建议既能为自律监管提供依据，也能间接对审计监督造成影响，因此下面所述的建议中不再区分审计监督和自律监管。

一、优化会计师事务所的组织形式

优化会计师事务所的组织形式，有助于增强注册会计师的执业风险意识。会计师事务所组织形式的选择，关系到会计师事务所的责任划分，关系到注册会计师的风险意识的提高，关系到事务所的长远健康发展，更关系到注册会计师行业社会监管职能的有效发挥。2006年修订的《中华人民共和国合伙企业法》第五十五条增加了"特殊的普通合伙企业"，专门针对"以专业知识和专门技能为客户提供有偿服务的专业服务机构"，这是在普通合伙基础上进行的一种制度创新。特殊普通合伙制平衡了执业中的收益与风险配比，即执业合伙人在执业活动中因故意或者重大过失引起合伙企业债务的，应承担无限责任或者无限连带责任，而其他合伙人以其在合伙企业中的财产份额为限承担责任。另外，特殊普通合伙组织形式突破了有限责任制下的股东人数限制，能够减轻并非因故意或重大过失引起企业债务的合伙人的债务责任，有利于推动会计师事务所做大做强。

因此，建议将特殊普通合伙制引入注册会计师行业，并逐步废除有限责任制的组织形式，提高普通合伙制会计师事务所的设立门槛，通过法律和政策引导大型会计师事务所普遍采用特殊普通合伙制、中小会计师事务所采用普通合伙制，从而有效增强注册会计师的执业风险意识，促使会计师事务所切实转变经营管理理念、建立健全质量控制制度，大幅提高注册会计师的执业水平和履行社会会计监管的能力。

二、完善会计师事务所内部的治理机制

上面提到，我国注册会计师行业现阶段存在内部治理机制不完善和合伙文化缺失等问题。而良好的会计师事务所（以下简称"事务所"）内部治理机制能够帮助事务所提升专业服务能力、质量控制能力、风险管理能力和市场竞争能力。良好的企业文化能够增强会计师事务所的核心竞争力，是会计师事务所做大做强的精神动力。很难想象，一个缺乏有效内部治理、管理混乱、离心离德的事务所能够为客户提供高质量的审计鉴证服务，能够有效地发挥注册会计师的社会监管职责。因此，提高事务所的整体执业质量重在加强和改善事务所内部治理机制，重在引导事务所形成适合注册会计师行业特点（如合伙制）、能够体现事务所特征（如规模大小和业务特色等）的事务所文化。具体建议如下。

（一）建立互相制衡的治理结构

也就是说，要在事务所章程以及合伙人协议等规范性文件的约定下，以维护公众利益为宗旨，建立健全风险管理严格、质量控制有效、公开透明、互相制衡的治理结构和治理机制，包括由全体股东、权益合伙人组成的股东会或合

伙人会议，由全体股东、权益合伙人选举产生的董事会或合伙人管理委员会、监事会，以及属于营运层面的主任会计师办公会或类似执行机构。会计师事务所应当通过明确相应的制度、机构和工作程序等，正确处理所有权、决策权、执行权、监督权之间的关系，做到各种权力既互相协调又互相制衡，实现决策民主化、执行规范化、监督有效化。

（二）构建协调顺畅的合伙机制

事务所应当根据各自的规模和发展定位等，通过事务所章程等文件明晰合伙人的晋升、决策、利益分配以及退出机制等问题。要以合伙人利益格局一体化为核心，不断优化和完善激励约束机制、考核分配机制、培训晋升机制，理顺合伙人进入、决策、分配、退出等整个管理链，推动建立准入公认、基数公平、职责统派、相互制衡、财务统管、科学考评、业绩优先、利益共享、风险共担、竞业受限的合伙机制。

（三）形成良好的事务所文化

事务所要继承中华民族"和合文化"传统的精髓，汲取现代管理学的经验，借鉴国际会计职业的研究成果，树立"人合、事合、心合、志合"的治理理念，形成"讲诚信、重协商、谋合作、共发展"的合伙文化，形成求同存异、互谅互信、齐心协力、共谋发展的良好局面。

三、强化分所管理

会计师事务所分所作为会计师事务所的分支机构，其发展和规范与事务所整体竞争力的提升、内部治理机制的规范息息相关，总所与分所应在财务、业务标准、人力资源和 IT 方面做到实质性统一，具体建议如下：

（一）统一收益分配制度

会计师事务所应当统一收益分配制度，集中核算全所业务收支；开展资金调度工作，从全局出发，权衡业务贡献度、质量与风险管控水平等关键因素并进行收益分配。

（二）统一业务管理、执业标准和质量控制体系

会计师事务所应当规范业务承接与执行要求，统一业务风险评估标准和分类分级管理标准，统筹考虑总所与分所业务开展的服务与区域划分，合理配置专业人员。持续完善执业标准，总所应当通过委派质量控制负责人、定期轮换复核人员、分类分级管理项目的方式，严格控制分所的执业风险，对其不当行为及时予以制止和纠正。

（三）充分利用信息与网络技术，提升行业内部的管理决策效率

会计师事务所应当在管理、业务、财务、人力资源等方面借助信息与网络技术来提升协同工作的效率与质量，通过提高 IT 管控核心竞争力来推动自身长远发展。

四、引导行业有序竞争

针对当前会计和审计服务市场存在的无序竞争、市场分割、恶意压价等影响市场秩序和行业长远发展的问题，政府部门、行业协会和会计师事务所应该共同参与、综合治理，为注册会计师行业发挥社会会计监管职能创造良好的外部环境。具体可以采取如下措施。

（一）打破专业垄断和市场壁垒，建立统一开放的会计服务市场

财政部门和行业协会应加强与有关部门的沟通协调，加快推动立法调整，妥善解决专业服务的资格林立和市场分割问题，拓宽注册会计师的服务领域。通过业务融通、组织架构创新、综合评价、会员服务等措施，支持、鼓励事务所在做强做大核心业务的同时，采取重组联合、业务合作、战略联盟等形式，实现与资产评估、工程造价、税务鉴证等专业机构以及咨询公司、代理公司、信息公司、法律服务机构等的融合发展，推动建立统一开放的经济鉴证服务市场，促进注册会计师行业业务结构和规模结构的调整，全面提升其综合服务能力。

（二）多方参与、综合治理，有效遏制低价竞争现象

政府部门要加强对事务所审计收费市场的监管，严厉打击违规收费和低价竞争等行为，对经查实存在低价恶性竞争行为的事务所，依法处理并对其违规行为予以公告。注册会计师协会要充分发挥行业协会自律管理的职能，研究制定会计师事务所低价恶性竞争综合治理政策、措施，将防范和遏制恶性竞争与优化会计师事务所综合评价、分级分类管理结合起来，规范会计师事务所执业收费的标准。会计师事务所要严格依法执业，增强自律意识，主动摒弃低价争揽业务、支付回扣等不正当竞争行为，通过提高服务质量、扩展服务领域来实现做大做强。此外，政府部门还要引导企业合理选择事务所。各类企业特别是大中型国有企业、上市公司应当本着珍惜自身品牌形象、积极接受社会监督的理念，选择与自身规模、行业地位和社会影响相匹配的事务所为其提供服务。

（三）进行市场细分，积极拓展服务领域，推动形成大中小会计师事务所协调发展的局面

合理的发展布局，有利于注册会计师行业规范发展和有序竞争。但目前我国会计师事务所在执业领域、服务对象等方面还没有形成鲜明特色，没有完全拉开层级，显然不能满足差异化的市场需求。这就需要监管部门和行业协会发挥引导作用，通过提升行业集中度和引导各类型事务所找准定位、打造特色，改变行业同质发展、无序竞争的状况。

五、发挥行业协会的优势

注册会计师协会（以下简称"协会"）是市场经济体系中联系政府和会计中介机构的桥梁。行业自律监管具有较大的灵活性和适应性，能够较好地发挥注册会计师职业组织的专业优势，对注册会计师行业的需求及时做出反应，对政府监管能起到良好的补充作用。协会应当根据"法律规范、政府监管、行业自律"的基本思路，切实增强注册会计师协会的独立性，进一步完善行业自律运行机制，着力构建科学、透明的审计准则，建立健全准则的制定和发布机制，充分发挥注册会计师协会的自律监管作用，不断提高注册会计师行业的服务水

平。具体建议如下。

（一）进一步完善注册会计师协会的管理体制，增强行业自律管理的独立性

首先，要理清协会与财政部门的关系。协会不能扮演双重角色，而应该完全自律。财政部门不应把协会作为其下属的一个事业单位，不对其经费和人事进行管理，而由协会根据所担负的职责建立自己的运作模式，由财政部门依法对协会的工作进行监督和指导。其次，要理清协会会员大会、理事会、秘书处三者的关系。建立会员代表大会、理事会、秘书处三方相互制衡的内部治理结构，充分发挥会员代表大会和理事会在行业管理中的作用，形成重大事项以理事会为决策主体、以常设机构为执行主体的协会运行机制。建立健全专门委员会和专业委员会，充分发挥专门和专业委员会的专家咨询功能，提高行业管理决策的科学水平。加强协会秘书处的建设，使其真正成为理事会及其各委员会的秘书服务机构，秘书处对理事会负责，并接受理事会的监督。最后，要理清中国注册会计师协会与各省级会计师协会（以下简称"地方协会"）的关系。地方协会作为中国注册会计师协会的分会，应实行垂直领导，进一步加强各级协会的职能、组织、机构、队伍、能力建设，以增强协会内部的协调性和统一性，保证行业方针、政策的有效执行。

（二）进一步完善审计准则制定机制，建设高质量的执业标准体系

在准则的规划、起草、修订等过程中，要充分发挥审计准则委员会以及专家咨询组的作用，充分调动、发挥与行业发展相关的社会各界参与审计准则建设的积极性；进一步优化审计准则委员会的人员组成结构，让更多的利益相关方参与准则的制定，使制定的审计准则能够更全面地体现利益相关方的意见；进一步加强对审计准则制定过程的质量控制，建立严格的项目质量控制和跟踪评价制度，完善准则征求意见的程序和范围，使审计准则的制定流程更加科学、客观。需要强调的是，在制定审计准则时，要注重扩大审计准则的适应性，使审计准则能够适用于审计不同的会计主体，即采用同一套审计准则。这样不但能够审计按照我国企业会计准则编制的财务报表，而且能够审计按照其他国家

或地区会计准则编制的财务报表；不但能够审计企业财务报表，而且能够审计行政事业单位等公共部门的财务报表；不但能够审计通用目的财务报表，而且能够审计特殊目的财务报表，进一步增强审计准则的可操作性。注册会计师协会可以根据不同审计业务类型和不同行业制定执业指南，针对执业中遇到的有关准则适用的问题及时出台具体解释，收集、整理、印发部分典型的审计案例，并通过座谈、培训、论坛等多种方式加大宣传和交流力度，以增强审计准则的可操作性，切实提升注册会计师的执业水平。

（三）进一步完善行业自律监管制度，切实提升注册会计师的执业水平

行业协会要以"帮助、教育、提高"为根本目标，充分发挥协会贴近执业一线、专业技术力量强的优势，通过协会组织的复核、检查等方式，发现和指出事务所在质量控制、职业道德和审计程序等方面存在的不足，督促、帮助事务所进一步规范审计流程、加强质量控制、提高执业水平，真正实现协会服务会员、维护公众利益的宗旨。

进一步完善执业质量检查制度，突出事务所系统风险检查，对事务所的职业道德规范、质量控制环境、合伙人机制、客户关系，具体业务的接受与保持、人力资源、监控，以及总、分所的管理和信息系统等进行全面检查，将事务所的工作重心引导到质量控制体系建设上。进一步强化协会对注册会计师年报审计的日常监管，区分不同的阶段，有针对性地开展工作。审计年度财务报告前，根据相关法律法规和会计、审计准则的变化情况以及经济形势的新特点，提示会计师事务所应重点关注的事项；披露期间，实时监控和严格督导上市公司年报审计工作，提醒公众质疑、风险较大的承接年报审计业务的事务所注意审计风险，重点关注上市公司"炒鱿鱼、接下家"的行为，要求事务所报备客户变更情况，遏制出卖审计意见的行为；年报审计结束后，针对日常监管和自律检查发现的有代表性的问题，通过行业内通报、个别约谈等方式指出以后年报审计的注意事项。探索事务所分类分级监管方法，根据事务所的规模、业务构成、执业风险、社会影响力、分所数量等因素，科学划分事务所类别，并根据事务所执业质量的整体评价水平，对同一类别事务所进行合理分级，有效确定检查方式、频率、内容、重点、时间安排等，实行差别化监管。进一步摸清

执业质量较低的执业群体和执业风险较大的业务领域，将从事 H 股、A 股、创业板、高新技术企业认定、医院财务报表等领域审计业务的事务所，以及频繁转所、执业能力与承办业务数量严重失调和高龄执业的注册会计师，作为重点检查对象，从而做到既保持检查的系统性，又增强检查的针对性，充分利用有限的监管资源，提高自律监管工作效能。

总而言之，在今后一个时段内，应进一步优化事务所的组织形式，完善内部治理机制，促进事务所做大做强；完善注册会计师协会管理体制，加强行业自律管理，不断完善职业准则体系，保持与国际准则的持续协调趋同；加强对注册会计师的培训教育，突出职业道德要求，强化诚信教育，不断提高注册会计师的审计执业质量，更加有效地发挥注册会计师社会会计监管的作用。

第三节 政府层面会计监管机制的完善

以往对完善政府会计监管机制的论述，多集中于法律法规修订、部门分工协调、资本市场监管等方面。而政府会计监管是一项复杂的系统工程，按照系统工程学的理论，政府会计监管作为一个复杂系统，具有多回路、非线性、反直观性的特点。改进政府会计监管机制和加强政府会计监管，必须对所有因素做全面考虑。本节针对当前政府会计监管存在的不足，尝试从多个角度提出整体方案。

一、完善政府会计监管的运行机制

我国政府会计监管机制方面，还存在一些现实问题。因此，结合我国现阶段社会经济发展实际以及现行政府会计监管体系，尽快建立一个统一协调、职责分明、运转高效的会计监管体制，以促进我国会计工作持续、健康、较快发展十分必要。

（一）应该充分发挥财政部门作为行业主管部门的作用

在我国，财政部门管理会计工作，并在体制上实行"统一领导，分级管理"的原则。从法律授权看，《会计法》《注册会计师法》均明确了财政部门为会计工作和注册会计师行业的主管部门。从政府会计监管运行机制的发展历史看，1949 年 12 月 12 日，中央人民政府财政部设立会计制度处。在我国，会计准则（包括基本准则和具体准则）以及统一的行业会计制度的制定权在财政部。各地区、各部门可在此前提下制定本地区、本部门的会计制度或补充规定，报财政部备案。会计是经济管理活动的测量与决策基础，财政部门主管会计工作，有利于税收、审计及其他经济管理工作的开展。财政部门主要通过以下几个方面发挥其主管牵头作用：一是制定统一的会计制度（包括准则、规章、办法）；二是负责会计和注册会计师行业的市场准入审批和监管；三是协调各部门间涉及会计监管的工作；四是负责国际会计、审计监管合作的有关工作。

（二）明确部门分工，形成会计监管合力

在目前的政府会计监管工作中，除财政部门之外，审计部门、税务部门、证监会、银保监会等多个部门都具有对不同单位会计资料的监督检查权。多头监管在一定程度上导致各部门分工不清，存在资源浪费的情况，而且一些部门之间缺乏有效的信息沟通与反馈机制。因此，应从法律上统一会计监管权，明确各部门的会计监管职能。

关于加强部门之间的协调和信息共享的路径，一是建议由财政部门牵头完善部级联席会议制度。各部门会计监管工作的负责人均应参加监管联席会议，参与制定相关的议事规则；各部门共同参与，定期、不定期研究会计监管相关问题；健全重大问题通报制度和重要政策会签制度，在联席会议制度框架内通过多边和双边协商，解决多头监管和重复监管问题。二是建立和优化不同部门信息共享平台，促进各部门交流检查名单，共享检查成果，以信息化的手段解决信息沟通不畅的问题。三是进一步规范部门间的案件移送制度。

二、完善会计、审计准则制定的实施机制

高质量的会计、审计准则是产生高质量的会计信息的基础。建立并完善会计、审计准则的制定实施机制，是从源头上提升会计信息质量的关键环节。对此，本节有以下建议。

（一）调整完善准则委员会人员结构，使其具有更广泛的代表性

会计准则委员会和审计准则委员会是财政部领导的准则制定实施机构，主要负责准则的拟定、批准和发布。现有委员会委员的人员结构虽然层次很高，但较为集中，代表性不够。因此，完善会计标准制定实施机制，首先应当合理安排准则委员会委员的人员结构，在决策机构增加不同的利益代表。一方面，会计准则委员会应当优化人员结构，增强准则制定机构的独立性。另一方面，应当增加如全国总会计师协会、会计学会、全国工商联合会等代表不同群体利益的委员，并从不同规模的企业和行业中选拔企业代表，在会计准则制定的过程中尽可能地照顾到各方利益。同时，要进一步促进理论方法与实践工作的结合。

（二）提高准则制定过程的透明度

会计、审计准则的制定是一项复杂的技术工作，会计、审计准则又与各市场主体、相关从业者和广大投资者的利益息息相关。要制定高标准的会计、审计准则，不能闭门造车，必须"开门立法"，充分发扬民主，提高制定过程的透明度。当下网络高度发达，充分听取各方面的意见更加便捷，比如可以在准则制定的各个环节，包括立项、起草、征求意见、修改、发布等，在网上广泛征求意见。同时，建立准则制定、修改和发布听证制度，由各方代表集中发表意见，使更多的人参与准则的制定。

（三）企业会计准则分层，满足少数民族地区特殊会计制度的需求

我国的企业会计准则是在借鉴国际准则的基础上制定的，而国际准则是在

西方发达国家大型跨国企业众多、金融资本市场高度发达、社会审计力量强大等背景下制定的，部分内容并不完全符合我国国情。我国市场经济主体众多，发展差异巨大，既有在国外上市多年的大型企业，也有大量刚刚从家庭作坊发展起来的小型企业。我国金融资本市场还不够完善，公允价值、金融工具等概念引入不久。因此，在制定会计准则时，必须充分考虑不同市场主体的差异化需要，制定既与国际惯例趋同又适应我国企业发展的不同层次的准则体系，如现有企业会计准则主要在上市公司实施，而针对中小企业和小微企业，则分别制定更加简化的标准体系。此外，近年来，少数民族地区经济发展迅速，应当按照经济发展程度有的放矢地解决这些地区的会计准则执行问题。

（四）强化对准则实施的指导监督和评价

为保证准则实施的质量，还必须对准则的各个实施阶段进行监督和跟踪评价。截至目前，财政部门在这方面做了大量的工作，每年都会发布通知，指导上市公司的年报编制工作，并组织力量采取"逐日盯市、逐户分析"的方式对上市公司的年报进行分析。但仅有财政部的监督和评价还不够，为了更加全面、客观地反映准则实施的质量，还必须引入独立的第三方实施评价和监督。比如，由实施准则的非相关利益人员组成监督评价机构，对准则实施情况单独进行监督评价，提出进一步修订准则和改进准则实施方案的建议。

三、改进从业人员和机构管理制度

会计、审计从业人员处于会计信息编制和鉴证的第一线，会计、审计从业人员的管理制度、综合素养水平直接关系到会计信息的质量。会计、审计从业人员和会计、审计机构管理也是政府会计监管的重要内容。对数量庞大的人员和机构进行管理，必须坚持以法律规范为准绳、以政府监督为主导、以单位管理为主、以行业自律为辅的原则。在现行管理体制和方法的基础上，建议从以下几方面对从业人员和机构管理制度加以改进。

（一）对会计人员和会计机构实施分级分类管理

《会计法》将设置会计人员和会计机构的权力交给了企业，体现了市场经济的基本原则。政府部门应当根据不同性质、规模的单位，对单位会计人员和会计机构实行分级分类管理。对大型、中型和小微型企业，应当根据其会计核算的复杂程度和内部控制机制的设计，在机构设置和人员配置上有所区别。

（二）发挥行业自律的组织作用

建立健全会计人员行业自律机制，是政府部门对会计人员进行宏观管理的必要补充。在一些发达国家，会计职业组织除了注册会计师协会外，还包括会计公会等面向全体会计人员的行业自律组织。如英国有六大会计职业组织，这些组织是联系会员（会计组织的服务对象）与政府部门的桥梁，在行业管理中发挥着积极作用。我国应当在结合实际的基础上，借鉴相关成功经验，尝试成立新的，即中国注册会计师协会、中国会计学会和中国总会计师协会以外的由会计人员的行业自律组织，以行业诚信建设为主线，在会计职业道德建设、会计人员后续教育、会员维权服务等方面发挥自律组织的专业优势。

（三）加大对会计人员的教育培养力度

要防范会计信息失真，就必须重视会计、审计队伍自身的建设，而会计、审计队伍自身建设的关键在于教育。会计、审计人员的教育培养，必须做到基础教育和职业后续教育相结合，专业培训和道德诚信建设并举，如此才能培养出一支支德才兼备的人员队伍。具体可以从以下几个方面着手：一是下大力气采取多种措施，努力打造国际一流的高端会计人才队伍，解决我国会计人才队伍"大而欠强"的问题；二是大力推动高等院校和职业学校会计专业建设，通过单位共建、设立奖学金等方式，吸引优秀青年加入会计队伍；三是通过会计专业技术资格考试、注册会计师考试等专业技术人员准入类职业资格考试，提升会计队伍全体人员的专业素质；四是以新会计、审计准则的实施为契机，普遍开展会计、审计人员专业培训，帮助会计、审计人员解决因专业技术更新而出现的问题；五是在从业人员后续教育中加强职业道德教育和法制教育，强化队伍诚信意识，提高队伍职业道德水平。

四、改进政府会计监管的方式方法

政府会计监管的方式、方法决定了政府会计监管的效果和效率。相关利益主体通过观察政府会计监管关注什么、如何监管、监管的效率如何，来判断会计的违规成本，从而做出对自己有利的决策。因此，改进政府会计监管的手段和方式、方法，有利于节约政府会计监管的成本、增强单位及相关人员的风险意识，对提升会计信息质量起到事半功倍的作用。

（一）实现直接监管和间接监管的相结合

直接监管和间接监管相结合是我国政府会计监管的重要原则。没有直接检查，监管容易流于形式，对违规者的威慑不够。但只重视直接监管，在监管对象点多面广的背景下，监管效率低下且容易产生权力寻租问题。从实践来看，目前我国政府监管主体更倾向采用直接监管的方式，对间接监管重视不够。强化间接监管的方式，一是要充分发挥注册会计师社会审计鉴证的辐射作用，提高主管部门和投资者、债权人对审计意见的重视程度；二是要充分发挥行业自律组织的自律监管作用，政府通过监督行业自律监管工作，提高自律监管的力度；三是要采取从事务所到企业和从企业到事务所双向延伸检查的方式，延伸监管链条，增强会计监管成效。

（二）实现由现场检查向非现场监管转变

现阶段，我国政府会计监管工作主要采取现场检查的方式。从单个项目看，现场检查是一种直接高效的方式；但从整体上来看，单纯的现场检查存在成本高、针对性差的问题，不符合成本效益原则。信息技术的发展为实现会计监管的非现场监管提供了可能。在今后的工作中，可以在开展现场检查的同时，重点加强非现场监管。实现由现场检查向非现场监管转变的具体方法如下：一是建立会计师事务所业务报备制度。所有会计师事务所都应将审计报告报备至统一的信息平台，以供监管部门和行业自律组织抽查，降低事务所的违规风险。二是财政部门应建立重点企业和行业会计监管信息数据库，对那些受会计信息影响较大的企业进行日常监控，发现问题后及时对其进行查处。

（三）由主要运用行政手段向法律、行政、经济手段多种方式并用转变

现阶段，政府会计监管部门对各类会计违规行为的处理、处罚以行政手段为主，存在"重处理轻整改""重经济惩罚轻警示教育"的现状。由于处罚手段单一，被处罚的单位和个人不能真正认识到问题的根源所在，影响了政府会计监管的效果。政府会计监管部门在查处会计违规问题时，不能仅仅发布一纸处罚决定，而应当明确企业应如何整改落实，并就整改情况进行再监督。有的时候还可以出具管理建议书，对企业存在的问题进行剖析，提出改进、完善会计核算和内部管理的具体意见和建议。对一些违规情节轻微、达不到行政处罚标准的企业，应当采用谈话提醒、下发整改通知书等方式对其进行教育和诫勉。对于查处的问题，财政部门应当将处罚和整改落实的情况向社会进行公告，以达到"检查一户，警示一片"的效果。

（四）充分利用市场机制净化会计环境

市场机制有其自身的运转规律，市场经济环境下的政府会计监管也必须依照市场机制进行。信用是市场经济的基石，甚至可以说市场经济就是信用经济。政府会计监管部门应充分利用信用机制，净化会计环境。具体可以从以下几个方面着手：一是建立财务会计报表单一来源制度。建议依托财政部门注册会计师业务报备信息平台，建立企业财务报告单一来源机制，即建立一个基于互联网的单一来源的企业财务报告报送和查询系统。企业财务会计报告的利益相关方（如税务、工商等政府部门、金融机构、企业及其他利益相关方）可以随时查询、使用企业财务会计报告，从根本上杜绝企业出于不同目的向不同使用者提供不同报表的问题。二是建立单位和会计人员诚信档案，实行会计违规黑名单制度，让会计失信单位和个人付出信用代价，如被财政部门处理处罚的会计师事务所不得参与有关单位的招投标等。三是对诚实守信、勤恳敬业的会计人员和注册会计师进行表彰和奖励，在业内形成爱岗敬业、诚实守信的良好风气。

五、提升政府监管的能力和水平

监管主体要强化政府会计监管工作，必须加强自身的队伍建设和提高自身的监管能力。高素质的监管队伍，是政府会计监管工作长远发展的基础。会计行业作为智力密集型行业，集中了一批高素质的社会精英。如果监管人员的专业素养不高，其不仅不能完成监管任务，还极有可能造成恶劣的社会影响，因此必须重视监管队伍的能力和作风建设。

（一）不断提高监管人员的专业素质

人才是最活跃的先进生产力，是科学发展的第一资源。高素质的监管人员是提升政府会计监管能力的核心。提高监管人员的专业素质可以从以下几个方面着手：一是要强化政府会计监管队伍的配置，从人力、财力上予以充分保障，重点改善部分基层财政部门没有专职监管队伍的现状；二是选拔一批专业素质高、检查经验丰富、年富力强的干部进入监管队伍，不断提升监管队伍的整体素养；三是加大监管人员业务培训力度，不断更新监管人员的专业知识，使其更好地适应新时期的会计监管工作。

（二）强化监管人员的职业道德建设和廉政建设

政府会计监管人员除了要有较高的专业能力，还必须有较高的职业道德和过硬的工作作风。如果某个监管人员道德缺失，与会计造假者沆瀣一气，包庇、纵容其会计造假行为，将造成难以估量的经济损失和社会后果。监管人员只有作风过硬、德才兼备，才能赢得被检单位的尊重和公众的信任。强化监管人员职业道德建设和廉政建设可以从以下几个方面着手：一是要加强监管队伍廉政建设和作风建设，加强对监管工作的过程控制和质量评价，对违规执法、玩忽职守的监管人员，绝不能姑息手软；二是要加强对监管人员的法制教育和道德建设，形成依法行政、依法监管、热情服务、廉洁高效的监管风气；三是引入社会力量对政府会计监管工作进行再监督，加大政务公开力度，使会计监管主体主动接受媒体和公众的监督。

（三）不断提升政府会计监管信息化水平

信息化时代，政府会计监管面临着新的挑战。大量基础会计信息以电子数据形式存在，而且分散在企业各级业务层面，缺乏统一标准，查阅、取证的难度大；会计核算的真实性、合规性，不再主要依靠会计机构和会计人员的业务水平，而更多地与信息系统设计的合理性和运行的可靠性相关，但大部分监管人员难以掌握分析、评价复杂信息系统的专业能力。政府会计监管必须重视和适应会计信息化，从以下多个层面入手强化会计监管信息化手段。一是建立会计信息化标准体系。建议财政部以企业会计准则通用分类标准为核心，建立功能完善的会计信息化标准体系。二是建立会计信息化管理平台。财政部建立了会计从业资格考试管理和注册会计师行业行政管理两大信息化平台，在会计人员和注册会计师行业管理方面发挥了重要作用。接下来，还应进一步完善其功能，充分发挥信息平台便捷、高效的作用，实现行业管理的信息化、无纸化，并向证监、工商、税务等部门开放，实现互联互通、信息共享。三是完善会计监督检查信息化手段。监管部门应当集中力量开发利用适应不同企业的会计信息化监督检查软件，不断提高会计监管效率。

六、完善对政府会计监管的监督和约束

监管权力属于公共权力，在实践中不可避免地会受到经济与政治利益、社会压力等外部因素的影响，因此这项权力应当接受法律与公众的监督。完善对政府会计监管的约束措施，可以从以下两个方面着手：

（一）解决法律约束问题

从法律层面对政府会计监管行为进行规范，是约束政府会计监管行为的核心和基础。依法监管，是对政府会计监管行为最基本的要求。因此，要解决政府会计监管中的法律约束问题，可以从以下两个方面着手。一是对政府会计监管权力与会计监管责任进行调整。进一步完善复议、诉讼等救济制度，引入民事赔偿机制，并制定相应的实施细则，保护被监管企业和会计及注册会计师行业从业人员的合法权益。二是监管部门必须依法行政、依法监管。也就是说，

政府部门履行会计监管职能必须严格遵守《中华人民共和国宪法》（以下简称《宪法》）《中华人民共和国会计法》等法律的规定；相关部门处理、处罚违规企业行为必须遵守《中华人民共和国行政许可法》（以下简称《行政许可法》）《中华人民共和国行政处罚法》（以下简称《行政处罚法》）等行政法律。

（二）进一步解决社会监督问题

保障公众和媒体对政府行政行为的知情权、监督权是社会民主的重要体现。要进一步解决社会监督问题，可以从以下两个方面着手。一是加大政务公开力度，保护公众的知情权。《行政许可法》第六十一条第二款规定，行政机关依法对被许可人从事行政许可事项的活动进行监督检查时，应当将监督检查的情况和处理结果予以记录，由监督检查人员签字后归档。公众有权查阅行政机关监督检查记录。在会计监管方面，除了要公开会计监督检查的结果外，还应当公开监管的规则、计划、范围和内容。二是主动接受社会公众和媒体的监督。监管部门应重视并加强社会公众特别是财经媒体的监督作用，媒体和公众对会计监管部门的监督权利受《宪法》保护。社会监督可以有效防止政府监管的失灵，能对媒体的报道权和批评权予以充分的法律保护。

要注意将以上两方面结合，协调社会监督各方面的工作，形成科学的监督合力，使监督、约束行之有效。

综上，通过不断完善法律法规体系，改善政府监管的运行机制和方式方法，不断提高监管人员的素质和能力，加强对政府部门的法律约束和社会监督，将能够进一步提高政府会计监管的效率，更好地发挥政府会计监管在"三位一体"会计监管体系中的主导作用。

第五章 影响企业会计监管制度构建的外部环境分析

第一节 资本市场分析

资本市场存在的意义表现在它为企业控制权的争夺提供了条件。在资本市场中，与企业控制权争夺相关的行为和活动种类繁多，而且还在不断创新和发展。这些行为和活动包括兼并与收购、代理权争夺、股票重购、杠杆收购等。从控制权的角度来说，上述所有资本市场行为（或称公司重组）都可以称为接管，或统称为并购。接管机制或并购机制，就是资本市场的竞争运行机制。接管或并购行为是以资本市场所反映的企业的市场价值为基础的，即资本市场的接管机制以资本市场的信息显示机制为基础。一般认为，没有实现利润最大化的企业，其股票价值会下降。在这种情况下，会有外部企业家（公司的收购者，一般也是公司的接管者）来接管该企业，对企业进行重组，改善其管理状况，使企业实现利润最大化。也就是说，接管者相信，通过接管，改善管理方法，可以使目标公司的价值提高，接管者的收益就是公司价值的提高部分。这种接管对努力程度低和能力低的经营者构成一种威胁，迫使其努力，约束自己的机会主义行为。因为公司被接管后，附在经营者控制权上的职务收入、声誉和在职消费也将消失。

上述接管行为主要通过证券市场来进行。除证券市场外,融资结构(或称广义上的资本结构)也会对企业及经营者的行为有一定的监督约束作用。企业控制权是随着企业资本的投入而形成的。总的来讲,股东在企业正常经营的状况下对企业具有实际控制意义,而当企业经营不善或当企业资产不足,需要以破产财产偿还债务(即企业处于破产状态)时,债权人就有可能接管企业,获得对企业的控制权。从这个意义上来说,企业的所有权是一种状态依存所有权,当企业能正常偿还债务的情况下,股东是企业的所有者,债权人无权干涉和控制企业;当企业到期不能足额偿还债务时,债权人就有可能借助《中华人民共和国企业破产法》(以下简称《破产法》)和《中华人民共和国公司法》(以下简称《公司法》),成为企业资产的部分或全部所有者,参与对企业或经营者的控制。

在国有企业中,上述资本市场的监督作用因企业类型不同而有所区别。

对在证券市场上市交易的国有企业来说,资本市场上的股东"退出与接管"机制会在一定程度上对企业及企业经营者形成监督作用。但目前要凭借股市来实现对国有企业的监督还多少有些理想化。从我国证券市场发展的现状来看,上市公司的数量很少,大部分上市公司只有公众股实现了上市,占股权优势地位的国有股或法人股依然处于不流通的状态,股票市场对国有企业的主要作用仍在于筹集无须还本的资金;证券市场的运行效率不高,股东行为的短期化非常明显,投机性很强;上市公司信息披露不够规范。政府部门对股市的监管也有失当之处,主要体现为对上市公司财务报告的真实性、充分性和及时性管制不足。

所以,我国目前的股票市场尚不具备成熟股市的资源配置效率和对企业的监控能力。已上市的国有企业的股东(除政府部门以外的小股东),实际上缺乏监督企业的动力;股权结构的组成和《公司法》的严格管制大大限制了股市上的兼并收购行为及其作用的发挥。这种情况固然与我国股票市场起步晚、证券监督不够成熟有密切关系,但除政府部门以外的股东的存在给企业的经营者带来的压力仍是导致这种情况的更重要的原因,企业外部资本市场的成熟和监督机制的生效必须经过一个很长的过程。可以相信,随着当前证券市场监管力度的加大和披露机制的强化、国有股减持和上市流通问题的解决,以及上市公司股权结构的调整和治理结构的优化,证券市场对国有企业改革与发展的作用会越来越大,有助于企业实现资源和投资的优化配置,并通过市场形成一个有效的监督体系。

对国有独资公司和其他非上市国有企业来说,其结余资金主要是政府原来投入的资本(权益)和银行贷款。对这类企业,应通过资本结构的优化,突出银行在企业经营机制中的作用。

清华大学经济管理学院副院长夏冬林教授认为,在国有企业监督机制中,让银行扮演类似于日本主银行的监督角色是可以选择的途径。由于与企业存在密切的业务往来,银行拥有信息上的优势。给予银行必要的制度保障,使银行有监督国有企业经营状况的积极性,既是理论上的可能,更是实际上的必要。但在当前的破产机制下,作为我国国有企业主要债权人的国有银行为什么对负债企业无可奈何呢?我们认为我国当前国有银行债权控制失灵的原因主要有以下几个方面:一是国有企业与银行之间的债务从起源看,含有过多的行政干预和政府意志,并不是法律意义上的真正债务;二是在许多情况下,国有企业的坏账往往是历史遗留问题,并不是现任经营者的问题;三是出于对自身利益的考虑,银行更关心银行资产的账面价值而非实际价值;四是破产程序受到地方政府和社会各方的过多限制,且时间长、影响大、费用高。当前,国有银行本身的商业化改革及"债转股"等措施的实施,对解决当前国有企业的债务问题非常有利。

第二节 产品市场分析

只要是存在充分竞争的产品市场,无论是在同一产品行业还是在各个产业中,都有可能形成趋于相同的成本水平和利润水平(利润率),成本和利润指标能够反映企业的经营状况,而产品具有竞争力是企业实现盈利的一个必要条件。通过充分竞争的产品市场,比较企业的盈利水平与行业的平均利润率,对经理的能力和工作努力程度做出准确的判断,自然就对经理起到了激励与约束作用。面对竞争的市场，一个企业如果不努力去满足市场需求，或不能做得比竞争对手更好，那么该企业就会被市场抛弃。而企业经营者的任何偷懒行为、无能的决策都会在市场竞争中充分表现出来。因此，企业在产品市场上的表现是衡量企业经营者经营能力和动力程度的标志，竞争性的产品市场会自动约束企业经营者。

美国经济学家奥利弗·哈特通过对比垄断市场和自由竞争市场建立了一个经济模型，来说明产品市场的竞争给经理带来的压力和约束。假定同一产品市场上有许多家企业，它们的生产成本是不确定的，但统计是相关的。这样，产品市场的价格便包含了其他企业成本的信息。同时，相关性使得这个价格也包含了被考虑企业的成本信息，这一点很重要。如果被考虑企业的所有者与经营者是分离的，那么只有经营者才知道企业的成本，而所有者并不知道。现在，产品市场的价格可以向所有者提供这一信息，而这只有在产品市场竞争的条件下才有可能实现。哈特假定社会中有一部分企业由经理控制，而另一部分企业由所有者直接控制。由于后者不存在两权分离的问题，会把成本降到最低，从而压低产品市场的价格。这样，由所有者控制的企业越多，"竞争"就越激烈，价格就压得越低，给两权分离企业中的经理造成的压力就越大，促使他们也努力降低成本。

哈特的这个模型说明了一件事，即在市场充分竞争的环境下，在有大量非两权分离的企业存在的条件下，两权分离产生的代理成本，可以被大大降低。问题是，如果所有企业都是两权分离的，那么就不能形成外界压力，代理成本将会很高。

虽然产品市场的竞争对提高企业经营管理效率的作用十分明显，但中国产品市场的竞争还存在两大问题：与非国有企业相比，国有企业面临着政策不对等的竞争条件；产品市场中的不正当竞争行为较严重。这两方面的问题在很大程度上影响着市场指标的可信度，如无法根据企业的利润指标和行业平均利润水平的比较结果对企业经营情况进行基本的判断，则会影响产品市场竞争对经营者的约束作用。这就向政府部门提出了规范市场、严格执法、建立公平竞争规则、打破地方保护主义的壁垒等要求。

第三节　宏观调控法分析

一、宏观调控法是市场经济的必然产物

市场经济是一种自由经济，在价值规律的作用下，盲目和无序的竞争必然导致"市场失灵"。要想弥补市场的这一缺陷和不足，就需要政府这只"看得见的手"对社会经济进行调整或控制。然而，政府并不是万能的，有必要对政府的调控行为进行规范。

（一）宏观调控法产生的必然性

1. 市场经济中的"市场失灵"与政府宏观调控的必要性

（1）市场调节无法克服盲目性

市场机制的盲目性是指市场机制在实际运行和发生作用的过程中，出现的一定程度的无规划性或无序性，其根源在于"市场经济主体各自利益的独立性和不一致性"与"社会整体利益相对统一性和一致性"的矛盾。市场中的每一个人，都只能各自按照自己的知识、遇到的机会和具有的能力去追求自认为最大化的私人利益，如果放任自流，必然会导致市场经济的盲目性。市场经济的盲目性具有极大的破坏性，会造成社会生产的极大浪费。政府物质力量雄厚，认识能力和预测水平比任何个人都要高，并且能够正确认识和科学预测国民经济发展的态势。同时，政府掌握着比任何个人都全面的信息资源，可窥知国民经济全貌。因此，政府进行宏观调控能够在一定程度上克服市场的盲目性。

（2）市场机制无法克服滞后性

市场机制的作用过程和作用效果不是直接的，而是迂回的、曲折的，因为它无论在调节供求关系方面，还是在资源配置方面，都必须以市场价格为信号，

并通过市场价格信号发生作用。但市场价格不是事先预定好的，而是通过市场竞争和供求关系上下波动形成的。价格形成的过程，同时也是市场机制发挥作用的过程。市场价格形成之时，也是对市场机制作用、效果的检验终了之时。相对来说，在市场经济条件下，科学预测的可能性和现实性较小。而政府作为国家经济的管理者，从宏观角度对社会经济进行预测和把握较为科学、合理。因此，政府的宏观调控可以克服市场经济的滞后性。当然，这并不是说市场经济对其时滞性就毫无办法，它可以通过微观层面的市场调查和预测来克服滞后性，但政府的计划导向和宏观调控是更为理想的方式。

（3）市场经济不能实现社会公平和公共利益

市场规则是一种"丛林法则"，无情的市场竞争必然导致弱肉强食、优胜劣汰。市场中的人是私人、是经济人，他们追求私人利益，谋求私人利益最大化。在激烈的市场经济竞争中，有的企业为了追求效益最大化，会做出损害社会公共利益的行为，如生产或销售假冒伪劣商品、污染环境等；有些人则不想进行任何投资，也不愿出力，只想享受外部的利益而"搭便车"。另外，在市场经济制度下，对城市道路，文化、体育设施，消防、娱乐设施，公共基础设施等公共产品，以及其他投资大、周期长、风险高、效益低的产品（如国防产品）等，私营企业不愿意投资或根本无能力投资，但它们对整个国家的发展而言又十分重要。对这些问题，市场经济是无能为力的。市场功能的缺陷和不足，已经说明了市场不是万能的。要消除市场机制的弊端，特别是要实现社会公平和保护社会公共利益，就必须限制自由竞争，由政府进行宏观调控。宏观调控要为人们提供实质公平（结果正义）的竞争法则、竞争条件和竞争环境；宏观调控要对市场规则进行调控，把利己与利他结合起来，把市场自由竞争与社会共处同荣结合起来。既要竞争，又要限制不正当竞争；既要允许优者胜，又要保障劣者存。所以，政府的宏观调控是保障公平竞争、实现公共利益的有效措施与手段。

2. 市场经济中的"政府失灵"与宏观调控法的产生

"市场失灵"的存在，使得西方的经济学家普遍放弃了"管得最少的政府，就是最好的政府"的传统说法。目前，西方国家也纷纷介入社会经济生活，对市场经济"管不了和管不好"的领域，通过宏观调控加以纠正和补充。

政府宏观调控，来源于1929—1933年爆发的世界性经济危机。这场危机席卷了包括美国、英国、德国、日本等在内的几乎所有的资本主义国家,不仅动摇了资本主义的政治和经济基础,还宣告了古典经济学和新古典经济(以价格分析为中心的微观经济及自由放任政策)的破产,产生了凯恩斯主义的国家干预理论。"国家干预理论"是英国经济学家约翰·梅纳德·凯恩斯在其1936年出版的《就业、利息和货币通论》一书中确立的,一个以国家干预为中心的应对资本主义经济危机和解决就业问题较为完整的理论体系,也为宏观调控法的制定奠定了理论基础。

面对经济危机后的大萧条,凯恩斯提出了解决失业问题和应对经济危机的办法,即利用政府力量干预社会经济生活。具体来说,运用财政政策和货币政策来刺激消费,以增加"有效需求"。凯恩斯的这一经济理论的实质就在于它满足了私人垄断资本主义转向国家垄断资本主义的迫切需要,摆脱了新古典经济学以价格分析为中心的微观经济以及自由放任政策,创立了以收入和就业量决定为中心的现代宏观经济及国家干预主义政策。它对资本的经济发展有着重大而深远的意义。

凯恩斯的这一经济理论深得美国政府的认同。1933年美国推出了由国家对社会经济生活进行全面干预和调节的施政纲领,即有名的"罗斯福新政"。这充分表明凯恩斯"充分就业"的思想被运用到国家政策的制定上。但是,凯恩斯的主张又遇到了来自实践的挑战。为了摆脱困境,政府积极干预增多,政府权力膨胀,导致通货膨胀率和失业率双双居高不下,政府干预"失灵"了,"凯恩斯主义失败"了。于是人们又极力寻求既能规制"市场失灵"又能匡正"政府失灵"的"灵丹妙药"。政府的调整或矫正虽然不是解决市场失效的唯一办法,但可以说是一条主要途径。

然而政府不是万能的,也会存在失灵现象。由于政府的官僚主义及信息不对称和管理成本的存在,国家对社会经济生活的参与不仅没能弥补市场的不足,反而使市场更加混乱。这就决定了应该对政府的"干预权"进行约束,以达到克服或减少政府干预失效的目的。当然,对政府行为的约束方式是多种多样的,如经济、行政、法律,但较为理想的形式是法律。因为只有建立在法律基础上的宏观调控,才能富有理性和体现客观经济规律的要求,才能使政府更好地进行宏观调控。

宏观调控的目的是最大限度地提高社会的整体福利。而只有运用宏观调控法才能达到这一目的，所以它的产生也就是自然而然的了。

（二）我国宏观调控法产生的必要性

客观地说，计划经济在我国历史上也曾起过重要作用，比如，新中国成立以来大规模的经济建设，许多科学技术的重大突破，特别是军事工业、航空航天工业等都是靠计划完成的。但是，计划经济本身又存在许多弱点，比如计划决策的主观性，对企业自主经营的限制性，规定程序的复杂性等，不能适应千变万化的市场经济需要。

计划经济与市场经济是两种不同的经济制度，区别二者的标志是谁对资源配置起基础性作用。如果是市场对资源配置起基础性作用，也就是主要按照价值规律的要求，适应供求关系的变化，发挥竞争机制的功能来实现资源配置，就是市场经济；如果是计划对资源配置起决定性作用，就是计划经济。目前，我国的经济制度是市场经济制度。自改革开放以来，我们逐步确立了市场改革的价值取向。特别是1993年《中华人民共和国宪法修正案》规定了我国"实行社会主义市场经济"以来，全国上下一心，致力于完善社会主义市场经济制度。因而，企业的经济活动必须遵循价值规律要求，适应市场供求关系的变化，通过价格杠杆和竞争机制实现资源配置，优胜劣汰。但是社会主义市场经济也同样存在弱点和缺陷，仍然需要加强和完善国家对经济的宏观调控功能。在市场经济中，微观经济无效率，宏观经济不稳定以及社会分配不公平，都是市场失灵、市场缺陷的表现。国有企业市场化同样需要通过政府的宏观调控来保证。

1. 保持供求总量的平衡，是国有企业走向市场的前提条件

国有企业进入市场，必然充分关注市场价格信号，以此决定投资方向、投资规模及经营策略。当市场商品价格发生扭曲时，企业会出现盲目投资、盲目生产的问题，导致企业资源的配置效率降低，影响企业的经济效益，同时也不利于国有企业经营机制的转换，影响企业走向市场。而要使供求总量基本保持平衡，只有政府宏观调控才能做到。

2. 合理的产业结构是国有企业走向市场的重要条件

目前，我国部分国有企业的产业结构不够合理。合理的产业结构能够引导国有企业的投资方向和生产经营决策。比如，国家可以运用经济、行政和法律

手段，表明政府禁止和限制企业进入哪些行业，或者要求企业进入哪些行业，以此引导市场中的企业按照符合国家产业政策的要求来进行投资和决策。

3. 和谐的经济利益关系是国有企业市场化的有利环境

国有企业独自走向市场，需要一个良好的公平竞争的环境。无论是"歧视性"待遇（在价格上、税收上不公平），还是特别优惠政策都不利于国有企业走向市场。只有通过政府宏观调控，为各类企业提供一个公平竞争的环境，国有企业才能发挥自身的优势，适应市场，不断提高自身的竞争能力。

在计划经济时期，为提高国有企业的经营效率和竞争力，为国有企业提供一个公平竞争的环境，国家从宏观的角度为国有企业进入市场提供了公平竞争、环境保护、投资引导等政策，以提高国有企业的经营效益。国有企业走向市场，要求提高政府的宏观调控能力。然而，我国政府协调经济的行为也并非尽善尽美，因而也需要对其进行规制。

市场失灵是国家宏观调控行为存在的前提，这是一般市场经济国家存在的共同问题，但对中国来说则有所不同。中国市场经济发展的启动力量来自国家（政府），这就使得政府行为对建立和发展中国市场经济具有决定性的作用。因此，建立社会主义市场经济体制与规范政府宏观调控行为，可以说是同步进行的。因为当时我国市场发育不足，市场主体缺位（主要指国有企业没有成为真正的市场主体），客观上要求政府承担起创造条件促进市场发育的重任，即由政府有效地组织、利用社会力量来超越一些发展阶段、缩短超越过程，促进市场经济迅速发展。因此，政府便面临着双重压力：一方面是要肩负起培育市场主体、建立市场体系的重任，表现为在法律上促进民商法的发展，否则市场运行将缺乏基本规则，但民商法强烈的自由主义理念要求限制政府行为或干预的程度；另一方面是严重的市场缺陷使政府调控必不可少，否则市场失灵会使原本就很脆弱的市场经济更加难以健康发展。这就决定了在中国市场经济中，政府必须运用宏观调控法，在政府干预社会经济观念下，以协调和促进经济增长、充分就业、经济稳定和总量平衡为直接目标，对社会经济生活采取间接的调控手段，以促进社会经济的全面发展。

综上所述，各国宏观经济运行的经验教训表明，国民经济如果出现总量失衡、结构失调、失业率高、国际收支不平衡的状况，同时也是宏观经济运行无序的状况。宏观经济运行的无序，既表现为市场主体的固定资产投资、信贷、进出口等行为和利率、汇率的失控和无序（市场失灵）；也表现为政府的货币发行、投资和信贷干预、进出口管制行为的失控（政府失灵）。为此，就需要制定和实施一系列宏观调控法规范，规范政府介入市场的宏观调控行为，规范市场主体的投资、信贷、进出口等行为，以实现国民经济的有序运行。

二、宏观调控法的一般原理

（一）宏观调控法的概念及特征

1. 宏观调控法的概念

"宏观"一词，源于宏观经济学理论，是指一个国家或一个地区经济生活中的总量问题，诸如国内生产总值，社会商品总供给与总需求等。宏观调控法是指调整在宏观经济活动中发生的社会经济关系的法律规范的总称，其目的是要确保国民经济正常运行。

宏观调控法是调整国民经济宏观领域经济关系的法。国民经济是指社会物质生产部门和非物质生产部门的总和，以及社会产品再生产、分配、交换和消费的循环总过程，是一个不可分割的整体。国民经济运行包括两个层次，即宏观和微观。市场机制主要侧重微观层次，直接支配企业的生产经营活动。宏观调控法则侧重宏观层次，主要指国家通过政府及经济管理机关，以市场为基础，运用计划、财政、金融、税收、价格等法律手段，调节和控制宏观经济活动。

2. 宏观调控法的特征

宏观调控法是法的一个种类，具有法固有的调整人的行为或规范社会关系的功能，具有由国家制定和认可的并依靠国家强制力保证实施的权利、义务。宏观调控法与其他法律相比，具有如下特征。

（1）宏观调控法是一种综合性的法

宏观调控涉及国民经济的全局，具有总体性、宏观性的特点，要对进行宏观调控必须采取综合手段，否则就难以实现调整目标。这一点，从宏观调控法的调整对象上可以看出。宏观调控法不是以个别企业或经营单位及其发生的经济关系为调整对象，而是以整个国民经济运行中发生的各种宏观经济关系为调整对象。这些经济关系，如国民经济和社会发展计划的制定、执行和检查中发生的社会经济关系、财政税收经济关系、货币信贷经济关系等，都带有总体性、综合性的特点，其价值目标具有宏观性，这就决定了宏观调控法的综合调整的特征。

（2）宏观调控法是一种政府干预法

一般来说，宏观调控都是由政府来进行的。宏观调控实质上就是国家（政府）用行政手段、经济手段（主要是财政手段），以及法律手段调控国民经济的一种经济行为。政府宏观调控是系统工程，必须由国家权力机关制定相应的法律、法规，并通过国家有关职能部门如经济管理部门和综合经济部门以及社会监督部门等互相配合、共同协作，才能贯彻实施。显然，宏观调控法的主体必须是国家及国家授权的宏观经济管理的部门。那么，宏观调控法作为一种政府干预法也就不难理解了。但我们不要忘记政府干预是把"双刃剑"，它既可以促进经济发展，也可能阻碍经济发展。在市场经济条件下，政府部门必须转变职能，从过去那种以单纯依靠行政命令的方式为主进行直接管理经济，转到以经济手段、法律手段为主间接调节和控制经济，并依法对国家的宏观经济进行管理、调节和控制。

（3）宏观调控法是一种社会本位法

宏观调控法属于经济法的一个子系统。现代经济法被认为是既不属于公法也不属于私法的一种新型法律，即社会法，宏观调控法当属社会法。在宏观法律关系中，各主体的经济权利与义务具有不对等性。进行宏观经济调控的一方（以下简称"调控方"）拥有强大的调控力量和手段，并拥有法律赋予的广泛的经济行政权力，而受控的一方则负有接受这种调控的义务。当然，管理和调控也要在尊重受控主体的经营自主权的基础上进行。尽管如此，双方权利义务的不对等性仍是极其明显的。在宏观调控关系中，政府部门不是决定者、命令者、领导者，而是引导者、协调者、服务者。政府部门的权利义务立足于上述权利义务，政府部门要服务并落实上述权利义务。

但是，也不能把政府的行为等同于微观经济活动中的各经济主体权利义务。在商品交换关系中，任何一方都不具有对另一方的产品的支配权利。宏观调控法追求的是社会公共利益，从本质上讲是普遍的每个人的利益。从这个意义上讲，宏观调控法是一种社会法。

（4）宏观调控法是一种发展的法

宏观调控法旨在调整对经济进行宏观调控时产生的各种社会关系。国家在进行宏观调控时，宏观经济调控的目标、任务，以及采取的手段和措施，需要根据不同时期、不同的国内和国际经济、政治、社会形势进行确定和调整。从法理上讲，法律是对客观规律的反映，是由人们所处的一定社会的物质生活条件决定的。如果宏观调控法不能随着宏观调控关系的变化而发展，那么它就失去了存在的意义。

（二）宏观调控法的目标和任务

我国实行的是社会主义市场经济，常态化的政府宏观调控是社会主义市场经济体制的本质特征。宏观调控既有一般市场经济的特性，又有自己的特点。从主客体上看，宏观调控的主体是政府，即中央政府及地方性政府。国家虽然享有宏观调控权，但其权力的行使是需要借助一定的组织或机构来实现，于是国家享有的宏观调控权便分化成许多的分权力。《中华人民共和国反不正当竞争法》第三条规定，各级人民政府应当采取措施，制止不正当竞争行为，为公平竞争创造良好的环境和条件。县级以上人民政府工商行政管理部门对不正当竞争行为进行监督检查；法律、行政法规规定由其他部门监督检查的，依照其规定。受调控的一方，即调控客体是不特定的，有时是社会经济活动的整体，有时是个别产业或行业。从内容上看，宏观调控的主体享有宏观调控的权力，负有履行宏观调控职责的义务；调控客体有自由选择遵守或不遵守宏观调控的权利，也不负有必须遵守的义务。

在我国社会主义市场经济中采取宏观调控和各种综合性的调控方法和手段，消除市场经济运行中的盲目性、自发性和短期性行为，能更加合理地配置社会资源。从宏观调控法的主客体上我们可以看出，宏观调控法的目标与宏观调控客体的总量有关。

《中共中央关于建立社会主义市场经济体制若干问题的决定》把我国宏观调控的主要任务规定为："保持经济总量的基本平衡，促进经济结构的优化，引导国民经济持续、快速、健康发展，推动社会全面进步。"

（三）宏观调控法的法律原则

法律原则一般是指可以作为规则的基础或本源的综合性、稳定性原理和准则。宏观调控法规制的对象具有整体性、全局性、普遍性的特征，其内容覆盖社会经济法的方方面面，所以不宜太细、太具体。在这种情况下，法律原则就显得特别重要，宏观调控法的法律原则如下。

1.国民经济总量平衡原则

宏观调控以总量平衡为主要目标，反映的是总需求与总供给之间的矛盾运动。国家的宏观经济决策通过市场转化为各种市场信号，形成要素流动和投资决策的指示器，将企业的经济行为纳入宏观调控的轨道。但宏观经济调控不介入企业的微观经济活动和个别交换关系，充分尊重企业的自主权。宏观调控涉及的仅仅是国民经济的总量关系，如总供给与总需求的关系、固定资产的投资规模、物价的总水平、财政收支、信贷收支、外汇收支、劳动就业的总规模等。宏观调控的视域是总体、全局，控制总量，强调在宏观上"管住管好"，在微观上"放开放活"。

2.指导性的间接调控原则

在市场经济制度下，政府对市场主体的交易活动的调控，应当间接地通过市场进行，即政府的宏观调控必须在充分发挥市场机制作用的基础上进行。所以，政府的宏观调控不能像计划经济时期那样直接、具体地安排企业的生产经营活动，只能通过市场活动来贯彻和实现调控的目标和意图。一方面利用计划、财政、金融、物价等方面的法律调整市场，通过市场引导、规范市场主体的活动，并使之符合宏观调控的要求；另一方面运用指导性调整方法，引导市场主体从事经营活动的方向，这主要通过集中体现在利益机制的经济政策的要求来实现。在法律上宜多采用选择性规范，使市场主体在法律许可的范围内，尽可能自由地从事生产经营，这就要求政府部门转变职能，对宏观经济实行间接调控。

3.整体与部分统一协调原则

宏观调控具有整体性、普遍性，涉及国民经济的方方面面。所以，宏观经济调控必须总揽全局、统筹兼顾、全面安排。宏观调控权必须集中在中央政府，以便统一协调，合理安排，货币的发行、基准利率的确定、汇率的调整和重要税种税率的调整等，必须由中央政府进行。国民经济只有在中央政府的统一协调、合理安排下，才能持续、稳定、快速发展。当然，由于我国人口众多，市场情况复杂，各地区经济发展不平衡，中央政府也会赋予地方政府必要的权力，使其按照国家的法律、法规和宏观政策，制定地区性的法规、政策和规划，通过地方税收和预算，调节本地区的经济活动，充分利用本地资源，促进本地区经济和社会发展，从而使国民经济在总体上统一协调发展。

4. 社会资源优化配置原则

资源优化配置原则是经济法的基本原则，也是宏观调控法的基本原则，贯穿宏观调控的始终。在市场经济条件下，市场对资源配置起基础性作用，它能够使经济活动遵循价值规律的要求，适应市场供求关系的变化。但是市场经济本身具有自发性、盲目性的特点，在社会资源配置中，极易造成社会资源的极大浪费。因而，社会主义市场经济制度要求市场在国家宏观调控下对资源配置起基础性作用，以达到社会资源配置的最佳效果，即社会资源（人力、物力资源）在各部门、各行业之间合理分配。宏观调控旨在对国民经济总体、总量进行控制和平衡，它只有遵循社会资源优化配置原则，通过国家宏观调控来提高市场配置资源的整体经济效益和社会效益，才能较好地实现总量的平衡。

5. 维护社会经济总体效益原则

在市场经济制度下，企业、经济组织或单个微观经济主体生产经营的直接动力是追求自己的经济利益。市场经济的缺陷，加上市场主体的利益驱动，必然会在一定程度上造成社会经济整体结构失衡和整体经济运行效率降低。这就需要国家进行调整，以维护社会的整体利益。国家对宏观经济的调控旨在追求全局性、综合性的经济效益。这些经济效益体现的是全体生产者和消费者的利益、国家利益和社会公共利益，而不是单个主体的直接利益。因此，宏观调控法的着眼点是如何提高宏观经济效益，而不是直接过问某个企业的经济效益。但是宏观调控权与其他权力一样，也会被滥用，从而侵犯企业等经济主体的权益。因此，宏观调控法在维护宏观经济效益、社会整体利益的同时，还要兼顾各方的经济利益，绝不可"损公肥私"或"损私肥公"。

第六章　财务预算

第一节　企业财务预算控制模式研究

预算控制模式是企业加强内部管理的主要模式,有效的财务预算控制模式能在一定程度上激励员工,增强经营规划的科学性,并通过控制生产经营过程、完善业绩考核制度等进一步提升企业的经济效益,因此预算控制模式是当前企业财务管理的重要方式。随着大数据时代的到来,企业在发展中接收的信息大量增加,企业对科学数据处理模式的运用显得尤为重要。但当前多数企业财务预算控制的信息处理流程较为繁杂,无法满足企业对数据的需求,这在一定程度上影响了企业决策的科学性,制约了企业的长远发展。因此,优化企业预算控制模式成为当下企业的重要任务。

一、企业财务预算控制模式的基本内容

（一）财务预算控制的含义

财务预算控制是指企业管理层根据财务部门的全面预算编制,来监督各预算执行部门的财务收支活动,调整部门的经济目标和预算执行过程,以实现预

算目标的一种控制形式。财务预算控制主要由预算编制、执行、调控、考核等组成，是一种完整的控制体系。财务预算控制模式是企业通过财务预算进行内部管理的主要方法，通过企业的发展战略规划财务预算编制内容，并通过信息反馈决定企业的财务目标，再结合财务目标及时调整企业的发展方向，以推动企业长远发展。

（二）财务预算控制模式的作用

1. 明确企业财务战略

财务预算战略按职能类型可分为投资战略、筹资战略、营运战略、股利战略；按综合类型可划分为扩张型财务战略、收缩型财务战略、稳增型财务战略以及防御型财务战略。扩张型财务战略是企业扩大自身资产规模的一种战略方式，适用于市场投资环境良好且适合发挥企业优势的环境。收缩型财务战略是指企业内部部门资产或部门出售给第三方，通过实现资产剥离来获取一定的现金。稳增型财务战略适用于企业经济效益稳定增长的环境。企业在制定财务战略时，需要依据财务预算编制内容及信息等选择适合企业发展的财务战略。因此，实行财务预算控制模式有利于企业制定科学的财务战略。

2. 增强经营目标的科学性

企业的财务目标包括阶段性的经营预算目标，如年度经营预算目标、季度经营预算目标和月份经营预算目标等。企业要结合自身的发展现状以及财务计划制定经营预算目标，使企业合理控制短期经营目标，并实现长期经营目标，科学、有效的财务预算控制模式能在一定程度上增强企业经营目标的科学性。

二、当下财务预算控制模式存在的问题

（一）财务预算管理模式落后

在当前我国企业的生产经营活动中，多数企业管理者为了提高经济效益，在发展中一味地追求经济利益，忽视了财务预算控制管理，导致企业财务管理模式落后。同时企业管理中还存在财务人员缺乏预算控制理念，在工作中仅执

行管理层的决策，而忽视对财务数据的分析，更无法从中获取对财务决策有价值的信息的问题，对信息分析的缺乏导致当前企业管理层决策的可行性及有效性较低。

（二）资源分配不合理

企业财务预算控制管理工作的内容较多，管理流程复杂，具有一定的综合性和多样性，导致财务人员工作压力较大。在当前企业生产经营管理中，部分企业无法正确认识财务预算控制管理对提升企业市场竞争力的重要作用，财务部门人力、物力等资源分配不足，这些问题都在一定程度上制约了企业经济利益的提升。

（三）缺乏高素质人才

大数据时代，部分企业已经充分认识到财务预算控制信息化的重要性，并通过引进先进设备来推动企业财务的现代化管理。但由于企业内部财务人员的计算机操作能力、大数据技术运用能力以及专业化预算控制等能力整体偏低，企业财务预算控制模式无法得到创新与发展。虽然部分企业注重多元化、复合型团队的构建，但由于高素质人才紧缺，企业仍缺乏财会预算控制管理专业人才。

三、优化企业财务预算控制模式的对策

（一）转变预算控制的管理理念

随着大数据时代的到来，大数据技术被广泛运用于各个领域，并推动了企业的现代化发展，提高了人们的生活质量，但也给企业的财务管理带来了新的挑战。企业纷纷创新管理模式，以提升自身的应对能力。财务预算控制管理是企业加强内部管理的主要途径，企业要实现现代化管理，管理层就要转变自身与财务管理人员的预算控制管理理念，迎合时代的发展需求，树立与大数据时代相适应的财务管理理念。因此，企业管理层要树立全新的预算控制管理理念，

并普及预算控制管理理念，加大对财务管理部门的人力及物力支持，为财务人员提供大数据财务管理平台，提高其数据分析和技术应用能力，增强其大数据管理理念。同时，企业财务管理人员要不断提升自身的大数据技术运用能力和专业技能，并借助互联网熟悉大数据下的财务预算控制模式，充分利用大数据技术，深入分析企业财务预算控制的发展现状，如企业融资、预算编制、执行以及考核等方面的问题，提高财务预算控制管理水平。

（二）创新财务预算的控制模式

大数据时代，传统的财务预算控制模式已无法满足企业的财务管理需求，财务管理人员要创新与大数据时代相融的财务预算控制模式，实现预算控制管理的信息化建设。如结合当前财务预算控制的发展现状以及战略目标等等内容，构建一体化的"大司库"体系，对企业各部门的财务预算进行编制，加强对其执行情况的监管，通过各部门的预算控制结果来评价其预算控制管理水平，并在此基础上统一筹划各项生产经营活动，通过预算编制、预算执行、预算考核等方式来降低企业的金融风险，以推进企业财务预算控制模式的信息化与现代化。

（三）健全预算控制的制度

针对当前部分企业财务预算管理制度不完善的现状，企业有必要完善自身的财务预算控制体制机制，以提高自身的核心竞争力。比如，企业依据发展现状及发展目标等完善财务预算控制制度，增强审计部门对企业各部门的监督作用，并完善激励制度，促使财务管理人员积极借助大数据技术收集并梳理企业财务预算信息，在此基础上设计预算控制标准并编制预算，增强预算执行的可行性。此外，企业要依据当前财务预算控制的要求，完善相关硬件及软件设施，增设数据平台，以深入分析、处理财务预算数据，制作财务预算控制报表，通过分析发现财务预算问题，并及时进行制度调整，以确保企业财务预算控制模式的科学性与有效性。

（四）强化预算控制的信息化管理

在大数据时代，信息量剧增，在一定程度上满足了企业的信息需求，但也加大了财务预算控制人员的工作内容，影响了其工作质量。对此，企业需要推动财务预算控制的信息化建设与管理，积极制定完善的财务预算控制信息化管理制度，提高财务人员对财务信息的收集与处理能力，并构建一体化的信息系统，加强资源的合理配置，优化财务数据管理系统，加强对企业内部网络环境的管控，增强预算控制信息管理的安全性。

企业财务预算控制模式在一定程度上决定着企业的发展方向。因此，在实际工作中，企业要转变预算控制管理理念，创新财务预算控制模式，健全财务预算控制制度，强化预算控制信息化管理，以优化企业财务预算控制模式，推动企业健康、持续发展。

第二节　企业财务预算监控研究

一、我国企业财务预算监控的现状

我国很多企业为了提高自身的管理能力和效益，纷纷采用财务预算监控为主的财务管理机制和手段。但是，各企业实施财务预算管理的效果却参差不齐，很多企业在实施财务预算监控的过程中仍存在如下问题。

（一）财务预算监控职能弱化

企业对编制财务预算还是较为重视的，大多设置了专门的预算机构参与财务预算编制。在财务预算编制工作的参与者中，财务人员的比例较高；计划部门参与财务预算编制的频率也较高；我国的专门的财务预算机构数量较少；在现代企业制度尚未完全建立的情况下，董事会也没有发挥其应有的作用。财务预算机构和董事会机构在财务预算编制过程中的参与度不高，在执行及实施监控的过程中发挥的作用就更少。而企业对财务预算执行情况进行跟踪调查和预算调整的过程，缺少专门的财务预算监控机构的参与。在组织上、资源配备上滞后或缺失。很多企业缺少专业的财务预算分析员、财务预算管理专员。这说明企业并未对财务预算的执行及监控给予足够的重视，弱化了财务预算监控的职能，也严重削弱了财务预算的激励作用。

（二）财务预算监控焦点不明晰、不全面

企业普遍编制了生产和销售费用预算，而有关资本支出的预算及资产负债表、损益表、现金流量预算的编制及监控却并没有引起企业足够的重视，企业财务预算管理的重点仍局限在生产经营领域。注重生产经营活动的财务预算监控是有必要的，因为这将影响企业日常经营活动的正常开展。中国企业虽然对这方面的监控较为重视，有利于加强企业内部管理和提高经营绩效，但是缺乏对投资重大项目的预算。这种现状一方面说明企业对全部资金的投向和期限结构的安排并没有进行合理的预测和准备；另一方面也说明企业投资活动尚未形成规范的行为准则，缺乏事前的充分规划。可见，投资活动的预算及其监控是目前中国企业经营活动的薄弱环节，也是我国企业预算管理亟须加强的领域。

与此同时，编制现金流量预算及进行现金流预算执行监控的企业比例也很低。这种现状一方面说明企业缺乏对整体资源的合理安排和规划，另一方面也说明企业进行长期发展规划的意识不强，对企业一年以后的财务状况、未来一年内的盈利能力和现金流动性缺乏必要的分析与判断，缺乏长期规划和对未来现金流量的整体统筹，很多企业在资金预算监控方面都存在不足。

（三）财务预算监控不严谨

企业在将财务预算管理与绩效考核结合起来的过程中，对责任部门与责任人的职责、绩效归属的划分不合理、不科学，造成财务预算监控措施无法与责任考核制度相结合；绩效考核指标达成难度过大，脱离了企业的经营实际；对财务预算偏差视而不见，财务预算信息反馈分析不及时、不准确，奖惩措施无法及时落实，导致财务预算监控失去了意义。

上述问题，使企业在预算编制、预算执行、预算调整、预算评价各个环节都缺少绝对的控制能力，这是多数企业达不到财务预算管理预期效果的最主要

的原因。

二、企业加强财务预算监控的必要性

现今，越来越多的企业开始实施财务预算监控，但是很多管理者或实施者对实施财务预算监控的效果感到困惑。有的管理者甚至开始否定财务预算监控的作用，但是财务预算监控对企业财务管理的价值是不容置疑的。财务预算监控的效果与企业预算监控措施不力、财务预算监控与财务预算执行脱节、监控信息管理混乱有很大的关系。所以，在推行财务预算监控的同时，以内部控制与财务预算监控理论为指导，围绕监控对象与内容，采用符合企业实际状况的财务预算监控模式与方法，是提高企业财务预算管理质量问题的重要思路和必要措施。

财务预算监控是保证财务预算监控管理实施效果的重要手段。通过监控，企业可确保财务预算编制的准确性和及时性、财务预算执行的严肃性和有效性、财务预算调整的客观性和时效性、财务预算考评的公平性和公正性、财务预算奖惩的公开性和合理性；同时，还可以促进各个财务预算责任部门、单位和个人认真履行各自的财务预算管理职责，进而推动财务预算管理目标的顺利实现。加强财务预算监控，能够使企业的内部控制体系贯穿财务预算管理的全过程。

三、加强企业财务预算监控的策略

（一）加强财务预算监控的组织能力

企业内部财务预算监控组织一般分为三个层次，自下而上分别为职能部门、财务部门和财务预算管理委员会。这三个层次的财务预算监控组织构成了企业财务预算管理监控网，其基本职责是对企业各层次、各环节财务预算组织的日常活动进行全面、系统的监督与控制。发挥企业内部财务预算监控组织的作用的关键是建立一套行之有效的激励与约束制度，实现自上而下的逐层监督、约束与激励，使各层级财务预算组织在自律的同时，自觉地进行相互监督、控制、约束和激励，从而达到"人本管理"的境界。监控网内各层次、各职能部门的职责如表 6-1 所示（仅供参考）。

表 6-1 监控网内各层次各职能部门的职责

部门	在财务预算管理中的主要监控职责
财务预算管理委员会	1. 组织、协调预算管理的监控工作 2. 汇总监控结果，对出现的重大差异及时处理或召开协调会
财务部门	1. 对财务预算执行过程中的资金流动及资金计划执行进行监控 2. 对财务预算执行过程中的各部门业务统计进行监控
审计部门	1. 监督、审计公司各责任部门的财务预算执行情况 2. 定期开展审计调查，监督会计核算质量及各项规章执行
人力资源部门	1. 对责任单位的人力资源、劳动生产率进行监控 2. 对工资、奖金及奖惩情况进行监控，对人力成本及平衡进行监控 3. 对各部门工作质量进行考核、监控
生产计划部门	1. 对责任单位的产品产量、产能、品种结构进行监控 2. 对公司产、供、销计划执行情况进行监控
质检部门	对企业供、产、销各环节的质量情况进行监控
仓储部门	对仓库进出物资的质量、数量进行监控

　　财务预算管理委员会协调各部门共享财务预算信息，使各部门的财务预算假设达成一致。预算管理委员会确定财务预算管理原则、程序，审查企业的财务预算计划，全面负责财务预算编制、财务预算初步审批、财务预算下达、财务预算执行、监督控制，批准财务预算的调整，并对财务预算的考核予以监控。如果某些基本假设已发生重大变化，应尽快对财务预算进行调整。此外，财务预算管理委员会还负责审核、批准年度财务预算调整及重大金额的预算追加申请，根据需要对财务预算的有关事项进行审议并做出相关决定。

　　对企业经营活动实施有效的财务控制是提高企业经营绩效的基本要求。财务监控涉及企业生产经营的每项作业，具有综合性。财务部门通过对整个生产经营活动进行动态监控，能够加强自身与其他部门之间的联系与沟通。财务部门依据某个时期（月度、年度）企业静态的会计资料和各部门的动态经济信息，全面、系统地分析各部门财务预算项目的完成情况和存在的问题，为预算控制提供必要的财务信息指明方向。

审计监察部门除了应对经济业务进行事后监督外，还应当将关口前移。审计监察部门应参与企业业务流程的设计，对业务流程中存在的内部控制问题提出整改建议；对企业重大经济业务（如采购招投标、对外提供担保等）实行全程参与的过程监控；通过广泛参与企业的经济业务，及时发现财务预算执行过程中存在的问题。

通过财务预算归口管理将财务预算目标的分解、财务预算编制的专业审核、财务预算执行的监督与控制等管理职能落实到人力资源部门、生产计划部门、质检部门、仓储物流部门等具体的职能部门。除监督责任部门完成预算目标外，这些职能部门还应当帮助有关责任中心解决实际存在的问题，加强沟通与联系，群策群力，共同实现企业的财务预算目标。

（二）发挥财务部门在财务预算管理及财务预算监控中的专业及权威作用

要在组织上突出财务部门的财务预算管理监控职能，发挥财务部门在财务预算管理及财务预算监控中的专业及权威作用，就需要建立相应的财务预算管理体系，比如将财务预算管理及监控提升到财务管理的核心工作地位；在部门内部使岗位设置专业化、专人化，增设责任会计主管或财务预算管理员岗位，其职责包括全面负责财务预算数据的整理、执行分析、执行财务预算管理制度监控、授权审批监控、责任绩效计算与监控等；全面发挥财务部门在财务预算管理和财务预算监控中的作用，使这一体系直接对公司最高财务预算管理机构如财务预算管理委员会负责。

（三）在财务预算管理监控组织体系中进行适当分权

为了保证财务预算监控的有效性与重点性，财务预算管理监控组织也需要适当分权。比如，注意避免监控权限过于集中在公司最高财务预算管理部门，突出下级单位的自我监控作用，即企业最高财务预算管理机构监控重点在下级单位的总预算，而由二级单位总经理负责实施对下属单位和部门的财务预算监控；逐级下放监控责任和权利，发挥管理人员在财务预算管理中的主观能动性，加强财务预算监控的效率。

第三节 企业财务预算管理系统的设计与开发

企业财务预算管理体系是贯穿企业各层级的管理工具、实现战略目标落地的手段、企业业务发展规划的平台以及内部控制管理信息上联下达的通道。企业财务预算管理系统就是利用信息技术手段，以业务计划、项目预算管理为核心，将企业财务预算管理的目标分解到每个业务流程及环节中。

一、财务预算管理系统的设计思路及目标

财务预算管理系统设计的整体思路是以战略为导向，以流程为主线，以业务驱动为前提，以预算、预测分析为工具建立起"战略→计划→预算→控制→分析考核"的完整闭环，涵盖企业运营的所有方面，支持战略目标的实现，以业务量、资源和价格为驱动因素，实现财务与预算的紧密关联。

财务预算管理系统的设计目标是运用全面的财务预算管理思路整合战略、计划，落实财务预算管理的各个环节，提高财务预算在公司战略管理和执行中的地位。预算是衔接战略和战略执行的工具，从"控制的预算"发展为"管理的预算"，在公司整体业绩管理体系中处于枢纽地位；在流程方面完善"一头""一尾"，即完善由战略目标引导的财务预算目标制定流程以及财务预算执行分析、反馈流程；强调完善由业务计划、财务计划到财务预算的编制逻辑，细化业务端的驱动要素计划和管理计划；从重"结果"发展为重"动因"；预算主体以责任中心为依托，根据明确的责任中心区分各财务预算主体的财务预算编制、控制和分析责任。

二、财务预算管理系统的功能及系统架构开发

企业财务预算管理系统主要负责模拟预测、财务预算编制、财务预算审批、财务预算分解、财务预算执行与控制、财务预算分析、财务预算调整、财务预算评价与考核等，所以在企业财务预算管理系统设计的过程中，还需要考虑企业内部财务预算管理中各项财务预算活动流程的梳理和优化问题。同时，在系统设计中需要考虑与财务预算管理系统相关的架构规划，根据企业财务预算管理需求以及已有系统的数据情况，考虑未来业务的发展趋势；需要对企业财务预算管理功能的设计进行相应规划，在充分考虑如何实现财务预算管理系统功能架构的构建目标的同时，保证数据共享，建立数据通道，确保建立数据完整的预算管理平台。财务预算管理系统搭建的基本架构如图6-1所示。财务预算管理工作以企业财务预算管理制度为依据、以财务预算管理机构为核心。同时，财务预算管理系统是企业进行财务预算管理的统一信息平台，在财务预算管理系统设计中需考虑与企业现有的各种信息系统的接口设计，包括企业ERP、业务、报销、资金、电子办公等系统，同时基于预算与实际完成数据，完成财务预算报表、财务预算报告等。

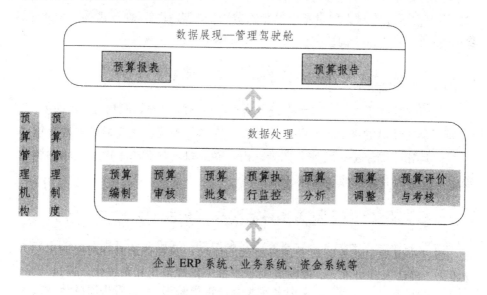

图6-1　财务预算管理系统搭建的基本框架

三、借助财务预算管理系统提升企业财务预算管理水平

在进行财务预算管理系统设计的过程中，企业要对自身财务预算管理现状进行梳理。基于业务驱动的财务预算编制方法论，企业建立的财务预算管理系统可以从以下几个方面进行，以提升企业的财务预算管理水平。

（一）建立统一的财务预算管理平台

建立集成的、覆盖企业各部门的统一的财务预算管理平台，规范财务预算编制流程、方法和内容；通过企业业务系统、财务系统、资金系统等多系统的集成，使财务预算管理贯穿企业运营的各个环节；通过系统实时集成企业业务、财务实际数据（无须人工干预）增强数据的集成性和准确性；通过系统的集成，加强财务预算的分析，丰富管理层分析报表，为管理层提供决策依据。

（二）以业务为驱动因素，提高财务预算编制的质量

实现财务预算方式的业务动因驱动，在财务预算中逐步细化收入、成本的实际影响因素，如对大型设备维修维护费用预算的细化。通过预算实现业务项与财务的对应关系，构建完整的财务预算体系。

（三）通过财务预算系统的实施提高效率

由原来的纯手工方式转为系统化方式，显著缩短预算编制时间，使下一年度规划事项预算的准确率和整体质量大大提高。系统在完成编制数据收集后，直接出具相应的趋势、对比等图表；内容涵盖收入、费用、税金、净利润等，提高企业财务预算管理的整体效率。

（四）建立智能的财务预算管理系统审批流程

通过对覆盖全业务的财务预算流程的梳理，明确各条流程对应的填写人、审批人、确认人和批准人，使财务预算审批流程规范化和系统化。通过与企业自动化办公系统的集成，畅通财务预算系统审批流程，提升管理层的审批效率。

企业的财务预算管理系统规划设计，需要在完成前期业务流程设计的基础上进行。企业需根据自身发展战略确定财务预算管理目标，健全企业内部各项财务预算管理制度和标准，加强企业内部财务控制管理，细化财务核算科目等各项工作，设计并建设贴合企业经营管理实际的财务预算管理系统。

第七章　企业营运资金管理

第一节　现金管理

一、现金持有的动机

　　企业现金是指企业在生产过程中暂时停留在货币形态的资金,包括库存现金、银行存款其他货币资金等。保持合理的现金额度是企业现金管理的重要内容。企业现金是流动性最强的资产,可以用来满足生产经营开支的各种需要,也是还本付息和履行纳税义务的重要保证。在正常的市场环境下,一般流动性较强的资产,其收益性相对较低,这就意味着如果企业持有的现金过多,就会降低企业的收益水平;如果企业持有的现金太少,又可能会出现现金短缺,影响企业日常生产经营活动。因此,企业必须建立一套管理现金的方法,持有合理的现金数额,力求做到既满足企业正常生产经营活动的需要,又不使企业现金多余闲置。另外,企业应编制现金预算,衡量企业在某段时间内现金的流入量与流出量,以便在保证企业经营活动所需现金的同时,尽量减少企业的现金数量,提高资金收益率。由此可见,现金的管理过程就是在现金流动性和收益性之间进行权衡的过程。

企业置存现金主要是为了满足交易性需要、预防性需要和投机性需要。

（一）交易性动机

交易性动机是指企业持有现金以满足生产经营活动中支付现金的需要，如购买原材料、支付工资、支付水电费、缴纳税款、偿付到期债务、支付现金股利等。一般来说，企业每天的现金收入与现金支出在时间上和数量上很难做到同步同量。因此，企业需要持有一定的现金来调节收支，使企业生产经营活动持续进行下去。交易性动机的现金需要量主要取决于企业的产销业务量的增长水平。

（二）预防性动机

预防性动机是指企业会为了应付意外的、紧急的情况而置存现金。由于市场行情的瞬息万变和其他各种意外因素的存在，企业有必要维持比日常正常运转所需金额更多的现金。预防性现金额度的确定，要考虑企业能够承担风险的程度、预测现金收支可靠的程度和临时融资的能力。一般来说，希望尽可能减少风险的企业会保留大量的现金余额，以应付交易性需求和大部分预防性需求。

（三）投机性动机

投机性动机是指企业会为了抓住瞬息即逝的市场机会而置存现金。例如，预估原材料等价格上升、用置存现金低价购入，证券价格和汇率波动套利等。投机动机不是企业持有现金的主要动机，其现金持有量的大小往往与企业在金融市场的投资机会及企业对待风险的态度有关。

二、现金持有的成本

现金持有成本是指持有现金所放弃的报酬，是持有现金的机会成本，主要有管理成本、机会成本、转换成本、短缺成本四种。

（一）管理成本

管理成本是指企业因置存现金而产生的管理费用，如管理人员的工资及必要的安全措施费。这部分费用在一定范围内与现金持有量关系不大，具有固定成本的性质，属于决策无关成本。

（二）机会成本

机会成本是指企业因持有一定数量的现金而丧失的再投资收益，从而形成的成本。企业持有现金就意味着企业失去了将现金投资到其他方面获得投资收益的机会，企业的机会成本通常按有价证券的利息率计算。例如企业欲持有十万元现金，则只能放弃一万元的投资收益（假设有价证券的利息率为百分之十）。可见，机会成本与现金持有量密切相关，属于决策相关成本，即现金持有量越大，机会成本越高，反之就越小。

（三）转换成本

转换成本是指现金与有价证券的转换成本，即将有价证券转换为现金的交易成本，如委托买卖佣金、委托手续费、证券过户费、交割手续费等。

严格地讲，转换成本并不都是固定费用，有的具有变动成本的性质，如委托买卖佣金或手续费。这些费用通常是按照委托成交金额计算的。因此，在证券总额既定的条件下，无论变现次数怎样变动，所需支付的委托成交金额都是相同的。因此，那些依据委托成交额计算的转换成本与证券变现次数关系不大，属于决策无关成本。这样，与证券变现次数密切相关的转换成本便只包括其中的固定性交易费用，如证券过户费。例如，公司年现金需求量为一百万元，现金持有量为十万元，每次现金与有价证券转换成本为一千元，即现金的转换成本为一万元。固定性转换成本与现金持有量成反比例关系，即在现金需求量既定的前提下，现金持有量越少，进行证券变现的次数越多，需要的转换成本就越大；反之，现金持有量越多，证券变现的次数就越少，需要的转换成本也就越小。

（四）短缺成本

短缺成本是指在现金持有量不足而又无法及时通过有价证券变现进行补

充而给企业造成的损失，如由于现金短缺无法购进急需的原材料使企业的生产经营中断，给企业造成的损失；不能按时支付货款带来的信用损失；失去折扣优惠的成本；不能按期缴纳税款而被罚交的滞纳金等。现金的短缺成本随现金持有量的增加而下降，随现金持有量的减少而上升，即与现金持有量呈负相关。

三、现金的日常管理

企业对现金的管理，首先应遵守国家有关现金管理条例和货币资金内部控制规范，建立企业内部现金管理制度，做好现金预算管理，并依照现金预算中的计划安排来筹划现金流。同时，企业应合理安排日常现金持有量，既要保持日常业务所需的现金，又要减少现金的闲置浪费，尽快加速账款的回收和现金的周转，延缓现金支出，从而提高现金的使用效益。

（一）力争现金流量同步

现金流量同步是指尽量使现金流入与流出发生的时间一致，从而使用于满足日常交易性需求的现金持有量降到最低。企业在安排现金支出时，应考虑现金流入的时间，尽量使二者同步。这样不但可以减少交易性现金余额，而且还可以减少有价证券转换为现金的次数，从而节约转换成本。

（二）加速收款

加速收款主要是为了尽可能缩短应收账款收回的时间。企业出现应收账款可以扩大销售规模，增加销售收入。企业账款收回的时间一般包括客户给企业邮寄支票的时间、企业收到支票并将支票交付银行的时间和支票结算的时间，企业应尽可能采取措施来缩短这些时间，将现金及早收回。加速收款通常可以采用集中银行法和锁箱系统法来实现。

1. 集中银行法

集中银行法是指通过设立多个收款中心来代替通常在公司总部设立的单一收款中心，以加速账款回收的一种方法。其目的是缩短从顾客寄出账款，到现金收入进入企业账户这一过程的时间。具体做法是：企业指定一个主要开户行（通常是总部所在地）为集中银行，并在收款额较集中的若干地区设立若干个收款中心；客户收到账单后直接汇款到当地收款中心，中心收款后立即存入当地银行；当地银行在进行票据交换后立即转给企业总部所在地银行。

集中银行法可以大大缩短客户邮寄票据所需的时间和票据托收所需的时间，也就缩短了现金从客户到企业的中间周转时间。但采用银行业务集中法须在多处设立收账中心，从而增加了相应的费用支出。为此，企业应在权衡利弊得失的基础上，合理确定收款中心的数量和地点。

2. 锁箱系统法

锁箱系统法是通过在各主要城市租用专门的邮政信箱，以缩短从收到顾客付款到将该货款存入当地银行的时间的一种办法。具体做法是：

（1）在业务比较集中的地区租用当地加锁的专用邮政信箱并开立分行存款户；

（2）通知顾客把付款邮寄到指定的邮政信箱；

（3）授权企业邮政信箱所在地的开户行每天收取邮政信箱的汇款并存入企业账户，然后将扣除补偿余额后的现金以及一切附带资料定期送往企业总部。

这就免除了企业办理收账货款存入银行的一切手续。但这种方法成本较高，被授权开启邮政信箱的当地银行除了补偿性余额外，还要收取劳务费。因此，是否采用邮政信箱法，要根据提前回笼现金产生的收益与增加成本的大小而定。

（三）控制支出

控制现金支出的主要任务是尽可能延缓现金的支出时间。控制现金支出的目标是在不损害企业信誉的前提下，尽可能推迟现金的支出，主要措施如下。

1. 适当推迟应付款的支付日期

为了最大限度地利用现金，企业在不影响信誉的情况下，可以推迟应付款的支付期，如在信用期的最后一天付款。

2. 合理利用现金"浮游量"

现金的"浮游量"是指企业账户上存款余额与银行账户上的存款余额之间的差额，也就是企业与银行之间的未达账项。有时，企业账簿上的现金余额已为零或负数，而银行账簿上却显示该企业的现金还有余额。这是因为有些支票企业虽已开出，但顾客还没有到银行兑现。如果企业能够正确预测"浮游量"并加以利用，则可以节约大量资金。但是，企业一定要控制好使用的时间，否则会发生银行存款透支的现象。

3. 尽可能采用汇票付款

在使用支票付款时，只要持票人将支票放进银行，付款人就要无条件地付款。但汇票不是见票即付，在持票人将汇票放进银行后，银行要将汇票送交付款人承兑，并由付款人将一笔相当于汇票金额的资金存入银行，之后才会付款给持票人，这样企业就有可能合法地延期付款。

第二节　应收账款管理

应收账款是企业因对外销售商品、产品，提供劳务等，向购货单位或接受劳务单位收取的款项。随着经济的发展，市场竞争日益加剧，商业信用推行得越来越广泛，企业应收账款明显增多，应收账款已经成为企业管理流动资产的一个重要项目。

一、应收账款的功能

（一）促进销售

在市场竞争日益激烈的情况下，赊销是促进销售的一种重要方式。赊销除了向客户提供产品外，还提供商业信用，即在一个有限的时期内向顾客无偿提供资金。赊销对顾客的好处显而易见，所以顾客在一般情况下都会选择赊购。

赊销具有明显的促销作用，适当灵活地运用赊销方式，对企业开拓市场、提高销售额具有重要的意义。

（二）减少库存

赊销可以促进销售，使存货转化为应收账款，减少企业存货，从而减少企业存货的管理费、仓储费和保险费等支出，减少存货变质等损失，有利于加速资金周转。因此，企业在存货较多或季节转换的情况下可以采取赊销方式，增加销售，减少存货停留在企业产生的各项支出。

二、应收账款的成本

企业有了应收账款，就有了坏账损失的可能。不仅如此，应收账款的增加还会造成资金成本和管理费用的增加，即企业会因持有应收账款而产生相关成本，包括管理成本、机会成本及坏账成本。

（一）管理成本

应收账款的管理成本是指对应收账款进行日常管理而耗费的开支，主要包括对客户的资信调查费用、收账费用等。对客户的资信调查费用与赊销额没有直接关系，属于决策无关成本。管理成本中主要考虑收账费用，赊销额越大，应收账款越多，收账费用越高。

（二）机会成本

应收账款机会成本是指因将资金投放在应收账款上而丧失的其他收入，具体来说就是企业因将资金放在应收账款上，而丧失的将该笔资金用于投资其他项目可能获得的收益。这一成本通常与企业维持赊销业务所需的资金数量（即应收账款投资额）、资金成本率（一般可按有价证券利息率计算）有关。应收账款机会成本可通过以下公式计算得出。

应收账款机会成本 = 维持赊销业务资本所需的资金 × 资本成本率

维持赊销业务所需的资金 = 应收账款平均余额 × 变动成本率

平均收账天数也就是应收账款周转天数。从上述公式可以看出，企业赊销额越大，应收账款的机会成本越高。

（三）坏账成本

应收账款的坏账成本主要是指因应收账款无法收回而给企业带来的损失。一般来说，赊销期越长，发生坏账的可能性就越大；赊销数量越大，应收账款越多，坏账成本就越高。坏账成本一般用下列公式计算。

应收账款的坏账成本 = 赊销额 × 预计坏账损失率

三、信用政策的制定

应收账款的信用政策是指企业为了对应收账款进行规划与控制，而确立的基本原则性行为规范。制定合理的信用政策，是加强应收账款管理、提高应收账款投资效益的重要前提。信用政策包括信用标准、信用条件和收账政策，其中最重要的是信用标准的确定。

（一）信用标准

信用标准是指企业用来衡量客户是否有资格享受商业信用的条件。如果顾客达不到信用标准，便不能享受企业的商业信用。如果企业的信用标准较严，可使企业遭受坏账损失的可能减小，但不利于扩大销售；反之，如果信用标准较宽泛，虽然有利于刺激销售增长，但会相应地增加坏账损失和应收账款的机会成本。因而，企业在制定信用标准时，应根据具体情况加以权衡。

由于企业处在市场经济大环境中，面临的环境较为复杂，所以在制定信用标准时，应进行综合分析。

1. 同行业竞争对手的情况

企业在面对竞争对手时，首先要知己知彼，制定有利于企业扩大市场份额、增加销售的标准，不能为了占领市场而忽视风险和成本，或为了降低风险和成本采取过于谨慎的信用标准。

2. 企业承担违约风险的能力

企业承担风险能力的强弱也会影响信用标准的选择。企业承担风险的能力强，就可以以较低的信用标准赢取客户，扩大销售；反之，如果企业承担风险的能力弱，则需要制定严格的信用标准，从而降低企业的坏账风险。

3. 对客户资信情况进行调查

客户的资信程度对企业制定信用标准有很大的影响，因此企业必须对客户进行资信调查，在此基础上进行分析，判断客户的信用等级，并决定对客户采用何种信用标准。衡量客户资信程度一般采用"5C"评估法。"5C"评估法，即评估客户的品质（Character）、能力（Capacity）、资本（Capital）、抵押品（Collateral）、条件（Condition）。

品质：指客户的信誉，即客户履行偿债义务的诚意，这是评价客户信用品质的首要因素。众所周知，信用交易意味着付款承诺，债务人诚心履约尤为重要。为此，企业应对客户过去的往来记录进行分析，对客户的承兑表现做到心中有数。

能力：指客户的偿债能力，即客户流动资产的数量与质量及其与流动负债的比例。

资本：指客户的财务实力和财务状况，表明客户可能偿付债务的背景，它是企业偿还债务的最终保障。当企业决定与客户建立长期合作关系时，了解尤客户经济实力为重要。

抵押品：指客户提供的作为信用安全保证的资产，对不知底细的客户或信用状况有争议的客户，这种评估方法尤为重要。

条件：指社会经济环境的变化对客户的经营状况和偿债能力可能产生的影响。企业尤其要了解客户以往在窘境时期的应变能力和付款表现。

（二）信用条件

企业一旦决定给予客户信用优惠，就需要考虑具体的信用条件。信用条件是企业赊销商品时给予客户延期付款的若干条件，主要包括信用期限、折扣期限和现金折扣等。其一般形式为"2/10，n/30"，指客户能够在发票开出后的十日内付款，可以享受百分之二的现金折扣；如果放弃折扣优惠，则全部款项必须在三十日内付清。三十日为信用期限，十日为折扣期限，百分之二为现金折扣率。

1. 信用期限

信用期限是企业允许客户从购货到付款之间延迟的时间，或者说是企业宽限客户的付款期间。信用期限，主要通过分析改变现行信用期限对收入和成本的影响而定。延长信用期限，会使销售额增加，产生有利影响。但应收账款的机会成本、管理成本和坏账损失也会增加，产生不利影响。因此，企业是否给客户延长信用期限，应视延长信用期限增加的边际收入是否大于增加的边际成本而定。

2. 现金折扣和折扣期限

为了促使客户早日付款，加速资金周转，企业在规定信用期限的同时，往往附有现金折扣条件，即客户如能在规定的折扣期限内付款，就能享受相应的折扣优惠。企业采用多大幅度的现金折扣，要与信用期限结合起来考虑。不论是信用期限还是现金折扣，都能给企业带来收益，但也会增加成本。企业应视提供现金折扣后得到的收益和产生的成本而定。

（三）收账政策

收账政策是指客户违反信用条件时，企业采取的收账策略与措施。收账必须有合理的收账程序和追债方法。企业在制定收账政策时，要注意把握宽严程度，对过期较短的顾客，不予过多打扰，以免将来失去这一客户；对过期稍长的顾客，可措辞委婉地催款；对过期较长的顾客，可频繁地写信催款并电话催询；对过期很长的顾客，可措辞严厉地催款，在必要时可提请有关部门仲裁或提请诉讼。

催收账款要发生费用，某些催款方式的费用还会很高（如诉讼费）。一般来说，收款费用越大，收账措施越有力，可收回的账款就越多，坏账损失就越少。但达到某一限度后，收款费用的增加，对减少坏账损失及应收账款的机会成本都没有显著的效果。因此，制定收账政策就是要在增加收账费用、减少坏账损失和应收账款的机会成本之间进行权衡。

四、应收账款的日常管理

（一）应收账款追踪分析

应收账款一旦形成，企业就必须考虑如何按时足额收回欠款而不是消极地等待对方付款，应该经常对持有的应收账款进行动态的跟踪分析。企业还应将那些挂账金额大、信用品质差的客户的欠款作为关注重点，防患于未然。

（二）坏账准备制度

无论企业采用怎样严格的信用政策，只要存在商业信用行为，产生坏账损失总是不可避免的。因此，按照现行会计准则和会计制度的规定，企业应根据谨慎性原则的要求，在期末或年终检查应收账款，合理地预计可能发生的损失，建立弥补坏账损失的准备金制度，以促进企业健康发展。

（三）账龄分析

一般来讲，逾期时间越长，越容易形成坏账。所以财务部门应定期分析应收账款账龄，向业务部门提供应收账款账龄数据及比例，催促业务部门收回逾期的账款。财务部门和业务部门都应把逾期的应收账款作为工作重点，分析每一笔逾期账款产生的原因并采取相应的收账方法。

（四）应收账款收现保证率分析

企业应收账款的回收是企业现金的主要来源之一。在一定时期内，企业为了保证正常的现金流转，必须通过回收应收账款来补充现金需要。这样，就需要确定一个应收账款的最低标准，即应收账款收现保证率。应收账款收现保证率是指一定时期内必须收现的应收账款占全部应收账款的百分比。例如，某公司预计明年的应收账款为四百万元，现金支付需要总额为一百万元，其他稳定的现金来源为八十万元，则最少要收回二十万元才能维持日常资金周转需要，即应收账款的收现保证率为百分之五。

第三节　存货管理

企业的存货在企业流动资产中占有很大的比重，占用了企业很大一部分流动资金，是企业财务成本管理的重要对象。存货的管理和利用情况，直接关系到企业的资金占用水平以及资产的运作效率。

一、存货的功能

（一）防止停工待料

一定数量的原材料是保证企业维持正常生产的必要条件。连续生产的企业，其供、产、销在数量上和时间上，难以保持绝对平衡。如果没有一定的存货，一旦某个环节出现问题，就会影响企业正常的生产和销售活动。持有一定的保险库存，就有了应付意外情况的物资保证，可以避免停工待料，保证生产过程连续进行。

（二）维持均衡生产

无论是哪种企业，根据季节性高峰需求来制定生产量都是不科学的。较好的办法是在全年实现均衡的生产，这样淡季生产出来的产品就有一部分储备下来，用以满足旺季的消费需求。

（三）降低进货成本

很多企业为了扩大销售规模，对大量采购的客户给予较优厚的商业折扣待遇，这样企业可以利用集中进货获取商业折扣，降低成本。不过，采购大量的存货会占用存货资金，增加存货费用，因此企业需要权衡商业折扣与增加的存货费用之间的关系。

（四）适应市场变化

存货储备能提高企业生产和销售的机动性和适应市场变化的能力。企业有了足够的库存，能及时有效地供应市场，满足客户的需要，减少因库存不足而丧失客户的风险。

二、存货的日常管理

存货管理不仅需要借助各种模型帮助确定适当的库存水平，还需要建立相应的库存控制系统。传统的库存控制系统有定量控制系统和定时控制系统两种。定量控制系统在存货下降到一定量时即发出订货单，订货数量是固定的或事先决定的。定时控制系统每隔一固定时期，无论现有存货水平多少，都会发出订货申请。这两种系统都比较简单和易于理解，但不够精确。随着业务流程重组的兴起以及计算机行业的发展，库存管理系统也得到了很大的发展。从MRP（物料资源规划）发展到 MRP-II（制造资源规划），再到 ERP（企业资源规划），以及后来的柔性制造和供应链管理，甚至是外包等管理方法的快速发展，都大大促进了企业库存管理方法的发展。这些新的生产方式提高了企业整体的运作效率。下面介绍两个典型的库存控制系统。

（一）ABC 控制系统

ABC 控制法是意大利经济学家巴雷特在 19 世纪提出的。一般来说，企业的库存物资种类繁多，每个品种的价格不同，且库存数量也不等。有的物资品种不多但价值很高，而有的物资品种很多但价值不高。由于企业的资源有限，因此在进行存货控制时，企业要将注意力集中在比较重要的库存物资上，依据库存物资的重要程度分别管理。ABC 控制法就是把企业的种类繁多的存货，依据重要程度、价值大小或者资金占用等标准分为三大类：A 类为高价值库存，品种数量约占整个库存的 10% 至 15%，但其价值约占全部库存的 50% 至 70%；

B 类为中等价值库存，品种数量约占全部库存的 20% 至 25%，价值约占全部库存的 15% 至 20%；C 类为低价值库存，品种数量多，约占整个库存的 60% 至 70%，价值约占全部库存的 10% 至 35%。A 类库存应作为管理的重点，实行重点控制、严格管理；而对 B 类和 C 类库存的重视程度则可依次降低，采取一般管理。具体见表 7-1。

表 7-1　存货 ABC 分类管理品种数量标准参考表

存货类别	特点	金额比重	品种数量比重	管理方法
A	金额巨大，品种数量较少	70%	10%	分品种重点管理
B	金额一般，品种数量较多	20%	25%	分类别一般控制
C	品种数量繁多，金额很小	10%	65%	按总额灵活掌握

（二）适时制库存控制系统（JIT）

准时生产方式（简称 JTT），也称适时性管理，产生于 1973 年第一次石油危机。这场危机对当时靠进口原材料发展经济的日本冲击很大，生产制造类企业为了生存，在原材料成本难以降低的情况下，只能从物流过程寻找利润源，减少采购库存、运输等方面产生的费用。准时生产方式在这样的情况下被提出并应用。

适时制库存控制系统是指制造企业事先和供应商以及客户协调好：当制造企业在生产过程中需要原料或零件时，供应商就会将原料或零件送来；产品生产出来后就会被客户运走。这样，制造企业的库存持有水平就可以大大下降。目前，已有越来越多的企业利用适时制库存控制系统，减少甚至消除对库存的需求—即实行零库存管理。适时制库存控制系统消除了大量的存货，节约了在储备存货上占用的资金及相应的储存成本，提高了企业的生产效率及效益。

第四节　企业营运资金管理问题研究

一、企业营运资金管理的意义

（一）固本之木，营运资金管理是企业生存的基础

相较于利润目标管理，营运资金管理对企业发展更具基础性作用。可以说，营运资金管理涉及企业生产的各个方面，这些日常性流动资金若能处于一个良性的循环过程，不断投入和回收，周而复始，企业就不易在供、产、销的各个环节出现断层，才能打稳地基。营运资金管理的目标与企业财务管理的目标高度一致，企业要一手把握企业财务安全，另一手满足生产经营活动的周转需求，并通过各项管理机制的完善，加快营运资金的周转速度，尽可能保证企业有稳定、持续的利润和现金流。

（二）营运之源，营运资金管理保障企业的发展活力

只有通过营运资金这个有力工具，才能在经历一系列生产、销售、回款环节后，将以固定资产形式存在的价值和流动资产的价值进行捆绑，转换为货币资产。转换后的货币资产具有多重价值：第一是原有流动资产的价值，第二是原有固定资产的价值，第三是经过转换得来的新增价值。它们就像新鲜的血液，通过循环系统，滋养整个资金周转过程。

二、企业营运资金管理的问题及成因

（一）营运资金管理混乱，缺少全程监控机制

目前我国企业，特别是生产制造业，多将工作重心放在生产和销售两个环节，对营运资金的管理更看重"安全"二字，安全地投入资金，保证生产经营活动，安全地控制企业资金占用。这是管理理念、管理手段落后的表现。举例来讲，财务部门经常把积极回收货款作为"死任务"，使企业尽最大可能减少应收账款、存货、盈利性差的货币资金持有量的占用，但却缺乏全面的预算机制，特别是缺少处理现金预算及筹资预算之间关系的有效手段。

（二）全员营运意识薄弱，市场需求对接错位

对制造类企业而言，这一问题的产生主要有两个方面的原因，一是采购、生产、销售部门有大量且急迫的资金需求，二是财务部门以降低财务风险为"天然使命"。很多时候两者无法达到很好的平衡。换句话说，两者"各自为政"，缺少全员参与的可降低财务风险的制度。当前的市场经营活动愈发多样化，缺少财务风险管控的制造业企业，容易生产不符合市场需求的产品，产品的挤压自然会带来资金的沉淀，容易拖累资金的正常周转速度，使企业进入资金周转困难的恶性循环，导致高应收、高存货、高负债、低效能"三高一低"企业的出现。

（三）资金分配结构不合理，破坏企业发展的可持续性

对制造业企业而言，日常生产经营应占据流动资金的最大部分，以保证生产的顺利进行。但有些企业在短期内将流动资金用于对外投资，或者在缺少生产经营状况分析的前提下，大量购置固定资产等长期资产，这必然导致流动资金的减少，使企业不得不缩短相应的现金循环周期，影响生产的可持续性和经营效率，最终打乱生产节奏。

三、解决企业营运资金管理问题的相应对策

通过上文的分析我们不难发现，企业营运资金管理在管理体系、管理制度和资金结构等方面存在问题。下面我们分别从管理过程、管理人员和营运资金三个维度，重点分析解决企业营运资金管理问题的相应对策。

（一）全面预算，全程监控

企业经常会要求编制全面预算报表，但缺乏科学性、可行性的预算报表不仅不能为企业有效地营运资金提供帮助，还有可能破坏企业的营运管理节奏。比如，有的企业制定的经营目标超出了现有设备生产负荷及当前企业管理水平，那么预算执行过程必然失真，失去引领作用。因此，企业要以结合实际状况的科学的全面预算为导向，特别是要做好现金预算和筹资预算，全程监控，至少在每个季度进行全面检讨并且循环编制现金及筹资预算。立足企业发展的实际情况，不断调整的全面预算，只有这样才能起到指导当期工作、完成制造生产任务的作用。

需要特别提到的是，根据企业实际情况调整全面预算，并不意味着两者的地位或者说先后顺序有所变化，不能让全面预算变成一纸空文，无原则、无底线地跟着企业生产走，也并不意味着可以忽略预算。有些企业在生产过程中一旦遇到突发的、不可预见的事项，就会将预算抛诸脑后，且在事项解决后，不能马上总结和寻找原因，到年末岁尾，才想起分析差距，这样必然导致企业经营活动预算刚性不足，经营成果的达成也就无从谈起。因此，企业营运资金管理的全面预算应是"事前有预算，事中有控制，事后有分析"，管理者要下定决心强化预算过程控制，任何预算外的生产经营事项都需以书面材料经过认真分析并严格审批，方可实施。而且全面预算中需包含预算执行情况季度考核，将预算管理周期拉长，将繁重的考核工作从年末岁尾抽调出来，分散到每个季度甚至是每个月份，让现金预算和筹资预算真正发挥全面性、全程性的指导作用。

（二）全员参与，积极决策

我们在上文中提到了生产、销售部门与财务部门之间的"尴尬"处境。企

业要解决这一问题，就必须从参与资金营运管理的每一个人入手。这里的参与者不仅仅是最密切涉及资金营运的财务部门，还包括采购、销售、行政人事等多个部门。只有建立以财务部门为主导、以采购及销售部门为主角、行政及人事等重要部门积极参与的全员管理机制，企业营运资金管理才会更加完整，才能真正降低财务风险。可以从如下几个方面入手，解决企业营运资金管理过程中的问题。

1. 各部门配合财务部门制订营运资金管理计划

各流动项目或资本收支的变化趋势，应是经全员参与分析得出的，将预防财务风险的工作往前提，尽量消除各类可能存在的消极因素。

2. 营运资金管理制度要规范、合理、有序

这也是企业营运管理举措中最重要的部分，全员都可以成为这一管理制度的制定者和实施者，在以下几个方面中发挥作用。

第一，现金管理制度。一是合理的现金持有量，这要求企业根据经营状况、各个环节现金需求量、临时举债能力等多个方面进行预测，比如财务部门可以与供产销部门及投资决策等部门进行多方磋商，以月度为单位合理调整现金管理制度；二是完善的收支系统，这要求财务部门与其他部门做好对接，做到收支清晰，专款专项，避免出现混乱和漏洞。

第二，应收账款管理。一是制定销售信用政策，必须以降低财务风险为前提，特别是在客户信用体系的管理上，销售部门要配合财务部门，界定不同客户的信用标准，再根据这些标准确定应收账款的管理方式，在维护客户关系的同时，降低财务风险；二是通过优惠政策缩短应收账款的回收周期，适度的现金折扣政策能够提高账款回收的速度，开通网上等多渠道结算方式，在确保资金回收安全的同时，提高资金回收效率。

第三，存货管理。一是存货储备量应稳定在合理范围内，采购及销售部门需通力合作，及时总结和预测，确定最合理的存货储备量，在满足日常经营的同时，不占用过多的营运资金；二是要通过存货分类降低存量冗余，供需部门可按生产周期、货品价值等标准进行分类；三是根据存货分类调整产品结构，使分类后的产品库存能够在很大程度上反映产品的市场供需，企业需要从营运资金管理的角度出发，调整产品结构，降低库存，打开市场。

第四，短期债务管理。上文中提到对客户进行信用体系管理，其实企业不

仅要对客户进行信用体系管理，企业自身也需要进行商业信用管理。需特别提到的是，采购部门与财务部门需目标一致，信用保证策略的实施需谨慎，要制定合理的信用保证策略，避免信用缺失带来的财务风险。

3. 内部审计、监督必不可少

各项针对营运资金的考核机制需细致，内审部门要参与并及时关注企业各项重要经济活动，更灵活、更有针对性地开展各项监督工作。

（三）优化及调整资金结构

除保障企业日常经营的流动资金外，企业资金结构的优化和调整也是营运资金管理的重要组成部分，能够真正改善不良的资金结构。优化及调整资金结构要注意做到以下几个方面。

第一，稳定落实，不"盲目上马"。企业发展必然要不断扩大外延，固定资产的投资是扩大再生产的重要一环。但上文我们提到，企业营运资金管理的全面预算应是"刚性预算"，企业需在稳定落实的基础上，进行资金投入，不可盲目。

第二，灵活利用各种流动负债，以满足企业经营过程中的波动性资金需求，做到科学安排，合理分期。

第三，避免流动资产置存风险。要确定好流动资产与流动负债之间的比例关系，根据适当的比例形成资金的良性循环，节约企业的使用资金，同时不影响企业的偿债能力。

参考文献

[1] 陈毓圭. 中国企业会计目标研究 [M]. 上海：立信会计出版社，2013.

[2] 戴戈弋. 外部监管与会计信息质量研究 [D]. 赣州：江西理工大学，2020.

[3] 董倩文. 会计信息透明度对企业创新的影响研究 [D]. 济南：山东财经大学，2021.

[4] 郭艳蕊，李果. 现代财务会计与企业管理 [M]. 天津：天津科学技术出版社，2020.

[5] 孔德龙. 企业财务管理 [M]. 北京：中国财政经济出版社，2020.

[6] 李智. 关于我国上市公司会计监管问题的分析 [J]. 科技经济市场，2018（07）：39-40.

[7] 刘泉军. 会计诚信与会计职业判断 [M]. 北京：中国商业出版社，2014.

[8] 马伟伟. 企业会计监管与内部治理机制联动的策略探究 [J]. 中国总会计师，2018（10）：110-111.

[9] 彭晓洁. 高级财务会计 [M]. 上海：上海财经大学出版社，2018.

[10] 彭亚黎. 企业财务管理 [M]. 武汉：武汉大学出版社，2012.

[11] 宋丽颖. 浅谈国有企业财务会计监管体系设置 [J]. 中国储运，2021（06）：189-190.

[12] 孙晋玲. 企业会计监管体系创新问题探讨 [J]. 财会学习，2019（30）：117-118.

[13] 王霞，王金平，张倩. 财务会计理论实务案例 [M]. 上海：上海财经大学出版社，2019.

[14] 王孝峰. 完善企业会计监管体系的途径分析 [J]. 中外企业家，2016（11）：101.

[15] 温倩. 政府会计监管研究 [M]. 北京：中国财政经济出版社，2019.

[16] 吴宗奎. 现代企业财务管理与内部控制研究 [M]. 长春：吉林出版集团股份有限公司，2020.

[17] 徐润华，施祖麒. 会计标准建设与会计监管实务下 [M]. 北京：企业管理出版社，2006.

[18] 赵燕，李艳. 企业财务管理 [M]. 北京：首都经济贸易大学出版社，2016.

[19] 赵中健. 我国会计监管存在的问题及对策 [J]. 现代营销（下旬刊），2015（01）：84-85.

[20] 郑凯文. 企业社会责任、外部监管与企业创新 [D]. 上海：上海外国语大学，2020.

[21] 左志刚. 会计理论与实务案例 [M]. 沈阳：东北财经大学出版社，2017.